障害者心理学

障害児者の特性理解と具体的支援方法

梅永雄二 著

福村出版

JCOPY 〈(社)出版者著作権管理機構 委託出版物〉
本書の無断複写は著作権法上での例外を除き禁じられています。複写される場合は、そのつど事前に、(社)出版者著作権管理機構（電話 03-3513-6969、FAX 03-3513-6979、e-mail: info@jcopy.or.jp）の許諾を得てください。

◆ はじめに ◆

　「障害児」と呼ばれる子どもたちも時がたつと大人になり，「障害者」と呼ばれるようになります。しかし，障害児から障害者へと成長するなかで，受けるサービス，属する環境に変化が生じてきます。行政上では障害児は特別支援教育の対象，障害者となれば福祉や労働行政の対象となっています。その境は15歳から18歳，とりわけ特別支援学校も高等部まで進学できる状態になってきた昨今，18歳という年齢が障害児者にとっても大きなターニングポイントとなっています。

　生後「障害がある」と診断された障害児の場合，医療的なかかわりが中心となるものと思います。しかしながら，治療的段階を終え，6歳になると医療的なアプローチから主として教育的なアプローチに代わります。この期間をみると医療的アプローチは生後すぐに診断されたとしてもわずか6年しかなく，教育的アプローチでさえも高等部を卒業する18歳までで12年間しかありません。しかし，もしその障害児が18歳段階で就職を果たし，60歳の定年を迎えるまで働いたとするとその期間は42年間もあるわけです。さらに，平均寿命の80歳代まで生きたとしたら青年期以降の期間はなんと62年間も存在するわけです。この青年期から成人期，壮年期，老年期までのことを考えていない障害児者に対する指導や教育は，無意味なものであると私は考えています。

　私は特別支援学校や特別支援学級における教師の経験はなく，障害児者の就労支援に関する仕事を長年やってきました。その就労支援の経験から，障害児といわれる子どもたちが青年期以降も自立した社会生活を営めるために必要な支援とは何かを，心理的アプローチから考えてまとめたものが本書です。

　そのため，タイトルは「障害児教育」ではなく「障害者心理学」にしました。

　その結果，本文中では障害児と障害者が混在し，学校教育の範疇からはみ出た発想も至るところに出てきますが，これからの障害者支援は学校，家庭，そして地域社会といった生活場面をまたぐ横断的視点と乳幼児期から老年期まで

含めた縦断的視点，さらに障害児者本人だけに変化を求めるといった発想から障害児者のまわりにいる人たちの意識を変えていく支援に移っていくことを目的としています。

　いろいろなご批判があるとは思いますが，障害児者の社会的自立をめざすうえで必要とあれば，どんどんご意見をお聞かせ願えれば幸いです。

平成24年3月　宇都宮大学研究室にて

梅永　雄二

◆ 目次 ◆

はじめに (3)

序章　将来の自立をめざした障害児者支援のために …………………… 11
 第1節　はじめに (11)
 第2節　障害児者の歴史 (12)
 第3節　障害者とは (13)
  成人の障害者　教育分野における障害児　障害の形態による分類
 第4節　障害の原因 (15)
 第5節　障害児者の現状 (17)
  教育　福祉　就労

Ⅰ部　障害児者の現状と教育体制

第1章　視覚障害 …………………………………………………… 26
 第1節　はじめに (26)
 第2節　視覚障害とは (26)
  盲　弱視　視覚障害の原因
 第3節　視覚障害児の教育 (33)
  弱視　盲
 第4節　視覚障害児者の自立をめざして (38)
  成人視覚障害者の現状　今後の視覚障害者支援

第2章　聴覚障害 …………………………………………………… 41
 第1節　はじめに (41)
 第2節　聴覚障害とは (41)
  聴覚障害の原因　聾　難聴
 第3節　聴覚障害児の教育 (46)
  口話　手話　同時法

第4節　聴覚障害児者の自立をめざして (51)

第3章　言語障害 ……………………………………………………… 54

第1節　はじめに (54)
第2節　言語障害とは (55)
　　言語障害の定義　　言語障害の種類
第3節　言語障害児の教育 (59)
第4節　言語障害児者の自立をめざして (60)
　　心理的なケア　　言葉によらないコミュニケーション
　　社会生活におけるハンディキャップの軽減

第4章　運動障害 ……………………………………………………… 64

第1節　はじめに (64)
第2節　運動障害とは (64)
　　脳性麻痺　　その他の運動障害児
第3節　運動障害児の教育 (69)
　　学校教育　　機能訓練
第4節　運動障害児者の自立をめざして (71)

第5章　知的障害 ……………………………………………………… 73

第1節　はじめに (73)
第2節　知的障害とは (73)
　　知的障害の定義　　知的障害の原因
第3節　知的障害児の教育 (77)
第4節　知的障害児者の自立をめざして (78)
　　知的障害者の進路状況　　移行機関としての施設の役割

第6章　病弱 ………………………………………………………… 80

第1節　はじめに (80)

第2節　病弱とは (81)
　　　　小児気管支喘息　　心臓疾患　　腎臓病
　　　　進行性筋ジストロフィー症　　その他の病弱
　　第3節　病弱児の教育 (83)
　　第4節　病弱児者の自立をめざして (84)
　　　　第一の目的　　職業教育

第7章　自閉症 …………………………………………………………… 87

　　第1節　はじめに (87)
　　第2節　自閉症とは (88)
　　　　自閉症の定義　　自閉症の特徴
　　第3節　自閉症児の教育 (93)
　　　　さまざまな治療教育　　TEACCHプログラム
　　第4節　自閉症児者の自立をめざして (95)

第8章　学習障害と注意欠陥多動性障害 ………………………… 97

　　第1節　はじめに (97)
　　第2節　学習障害・注意欠陥多動性障害とは (98)
　　　　学習障害　　注意欠陥多動性障害
　　第3節　学習障害・注意欠陥多動性障害児の教育 (102)
　　第4節　学習障害・注意欠陥多動性障害児者の自立をめざして (102)
　　　　学習障害・注意欠陥多動性障害児者に対する情報不足
　　　　青年期学習障害・注意欠陥多動性障害の課題　　自立のための方策

第9章　その他の障害 …………………………………………………… 106

　　第1節　はじめに (106)
　　第2節　てんかん，情緒障害，触覚・嗅覚・味覚障害とは (106)
　　　　てんかん　　情緒障害　　触覚・嗅覚・味覚障害
　　第3節　その他の障害の学校教育 (110)
　　第4節　その他の障害児者の自立をめざして (110)

Ⅱ部　将来を見据えた障害児者教育

第10章　社会的自立をめざした障害児者教育 …………………… 114
- 第1節　社会的自立をめざした教育とは（114）
- 第2節　職業的自立をめざす学校教育の課題（115）
  　　進路指導教師の実態　　職場開拓　　今後の特別支援学校高等部のとりくみ
- 第3節　職業的自立へ向けての解決法
  　　――IEP, ITP, そして IPE をめざして（123）
  　　はじめに　　IEP（個別教育計画）とは　　ITP（個別移行計画）とは
  　　IPE（個別就労計画）とは　　まとめ

第11章　環境からのアプローチ ………………………………… 133
- 第1節　はじめに（133）
- 第2節　個人の能力向上から，環境との相互作用において必要なスキルの獲得へ（134）
- 第3節　物理的な環境整備から心のバリアフリーへ（135）
  　　心のバリアフリーをめざして　　健常児者に対する障害児教育・理解・啓発

第12章　青年期以降の障害児者へのアプローチ
  　　――職業的自立をめざして ……………………………… 140
- 第1節　特別支援学校進路指導担当者のキャリア教育研修（140）
- 第2節　障害児者理解に対する企業への啓発（141）
- 第3節　青年期に達した障害児者の就労に関係する機関（143）
  　　福祉事務所・更生相談所・公共職業安定所　　地域障害者職業センター

おわりに（151）

わかりやすい障害児者関係の情報（154）

引用・参考文献（160）

索引（163）

コラム

コラム1	視覚障害者と音楽	40
コラム2	STって何？	63
コラム3	バリアフリー	72
コラム4	マクドナルド	79
コラム5	子どもに対する必死なまでの親の思い──ロレンツォのオイル	86
コラム6	自閉症とコミュニケーション	96
コラム7	学習障害と不登校	105
コラム8	迷信にとらわれない治療と対処を	111
コラム9	吉田松陰の松下村塾とIEP	132
コラム10	とべないホタル	139
コラム11	アメリカにおける障害のある人の雇用──ADAから	150

序章
将来の自立をめざした障害児者支援のために

第1節　はじめに

　「障害児」という言葉を聞いたときに、真っ先に思い浮かぶのはどのようなイメージでしょうか。知的な遅れがある子、身体の不自由な子……。
　それでは、「障害者」では、どうでしょうか。
　車椅子に乗っている人でしょうか。

　障害（または障碍とも書きます）とは、『広辞苑』によると「さわり」「さまたげ」「じゃま」となっています。障害の「障」とは「さわること」「さまたげ」「さしつかえ」「びょうきになること」、熟語には「障壁」「障子」「罪障」「故障」「万障」などがあります。
　また、害とは「そこなうこと」「さわり」「わざわい」で、熟語としては「害悪」「害毒」「害虫」「被害」「傷害」「公害」「災害」「妨害」と、あまりいい意味での熟語は少ないようです。
　中国では、障害者という言葉を使わず「残障者」、すなわち障(さわ)りが残っている人と書きます。ですから、害という文字は使われていません。中国での使い方の方が表現がきれいですね。
　なぜ、このような害という文字が入った使われ方をしてきたのでしょうか。それを述べるには、障害児者の歴史的背景から説明していかねばなりません。

第2節　障害児者の歴史

　古代のギリシアやローマでは，障害児が生まれたら川に投げ込んで殺していたといわれています。それは，障害児をもつということは当時の親にとって，とても恥ずかしいことであるという考えがあったからでしょうか。

　イエス・キリストが現れると，キリスト教の博愛精神によって，障害児者は殺されることはなくなり，哀れむべき人たちと変わっていきました。

　中世以降では，障害児者が宮殿で囲われる道化の役を演じたり，サーカスや見せ物小屋で珍しい人と見られる時代がありました。童話の『王女ポリアンナ』に出てくる小人や，世界三大名画のひとつといわれるベラスケスの『宮廷の侍女たち』に出てくる少女，また映画『エレファント・マン』の主人公などがそうです。

　宗教改革で有名なマルティン・ルターは，知的障害者のことを「魂をもっていない肉の塊で，魂があるべきところに悪魔が取り憑いている」といって，知的障害者は溺死させられるべきだと主張しました。さらに，第二次世界大戦では，ドイツのナチスが心身に障害のないアーリア人だけが優秀な人材であるとして，ユダヤ系の人たちだけではなく，T4作戦という「安楽死」による殺害によって8万人近くの障害児者を殺戮し，根絶やしにしようとしました。

　このように，障害のある人は役に立たない不要な者，害のある者としてとらえられてきた時代（経緯）があったので，害という文字が入ってしまっているのでしょう。

　戦後，障害児者はそれぞれにあった施設や病院などで療育されることが望ましいという考えが広まりましたが，それは結果として健常児者と障害児者を隔離することになってしまいました。

第3節 障害者とは

　障害者とひと言でいっても，障害を分類するとき，その年齢によって障害児なのか障害者なのかが変わります。また，障害の重さによって重度，中度，軽度に分かれ，知的障害者や運動障害（肢体障害）者などといった障害の種類によっても分類されます。さらに，その障害をどのような側面からとらえるかによってもいろいろな見方がなされます。以下にいくつかの分類法をみていきます。

1　成人の障害者

　障害者とは「先天的か否かにかかわらず，身体的または精神的能力の不全のために，通常の個人または社会生活に必要なことを確保することが，自分自身では完全にまたは部分的にできない人のことを意味する」（障害者の権利宣言）となっています。

　青年期以降の障害者は，わが国の行政上，18歳以上の身体障害者，知的障害者，精神障害者の3種類に分類され，身体障害者の中に視覚障害者，聴覚言語障害者，運動障害者（肢体不自由者），内部障害者が位置し，精神障害者は統合失調症者，躁うつ病者，てんかん者などに分かれます。

2　教育分野における障害児

　18歳以上を障害者とするのに対し，児童福祉法では18歳未満を障害児としています。また，学校教育法では，知的障害，肢体不自由，病弱，弱視，難聴，言語障害，情緒障害のある児童向けの特別支援学校や特別支援学級について定めています。

　このように教育措置の側面から考えると，障害児の分類は，視覚障害児（弱視を含む），聴覚障害児（難聴を含む），言語障害児，知的障害児，肢体不自由児，病弱児，情緒障害児となります。その障害児と成人の障害者を合わせた人数は，

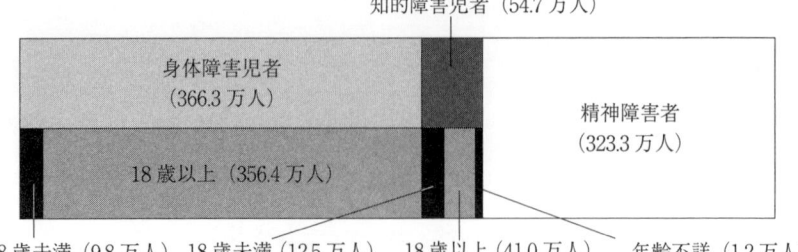

図序-1　障害児者数と内訳（厚生労働省，2008 より作成）

　身体障害児者 366.3 万人，知的障害児者 54.7 万人，精神障害者約 323.3 万人となっており，合計すると 744.4 万人にもなります（図序-1 参照）。ということは，わが国の総人口の約 6％の人たちはなんらかの障害をもっていることになります。アメリカでは，後に示す学習障害児者なども特別支援教育の対象としており，その割合は 11.97％にまでなっています（山口薫，1998）。

　なお，本書のⅠ部では，視覚障害，聴覚障害，言語障害，運動障害，知的障害，病弱，自閉症，学習障害，注意欠陥多動性障害，その他の障害の 10 種に分類しました。

3　障害の形態による分類

　障害の形態による分類というのは，その障害の見方とでもいったほうがいいかもしれません。従来の障害分類は機能に障害を受けた段階の impairment（一次的障害）。その結果，能力に障害をきたす disability（二次的障害）。そして，その障害から社会に参加できず，社会的不利を被る状態の handicap（三次的障害）に 3 分類されていました。

　しかしながら，障害というのはその個人の問題というよりは，社会との相互作用によって発生するという考えにのっとり，2001 年に WHO（世界保健機関）は次のように改訂しました。

　一次的障害は従来通り機能障害となりますが，二次的障害である「能力障害」は活動が制限されている状態だという見方に変わり，活動制限（activity limitation）に，三次的障害である「社会的不利」は社会参加に制約がある状態である参加制約（participation restriction）という表現になりました。

例をあげて説明すると，交通事故等によって脊椎損傷になった人がいたと

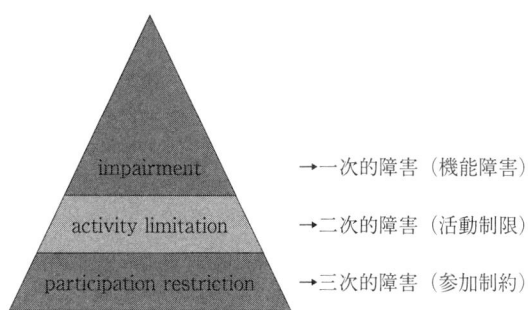

図序-2　障害の3形態

します。その人は脊椎という脳から発した命令を下肢につなぐ機能に傷害を受けました（一次的障害）。その結果，外に出て歩くといった活動に制限を受けているわけです（二次的障害）。そして，車椅子によって地域に出ようと思っても，職場やレジャー施設等に段差や階段がある場合には就労や余暇活動などの社会参加が制約されることになります（三次的障害）。

この3形態を図に示すと図序-2のようになります。この本では activity と participation，とりわけ participation に焦点をあてて話を進めていきます。

第4節　障害の原因

障害をもった子どもが生まれる原因はさまざまですが，お母さんが妊娠しているときに母胎の中で異常を来す場合があります。

図序-3をご覧ください。受精後1〜2週間の間に母胎の中で有害な因子が生じた場合は，子どもは胎内で死亡し，流産してしまいます。また，8週以降の胎児期では，すでに身体の主要な器官が形成されているので，有害因子が異常をもたらすことは少なくなります。ということは，受精後3〜7週の間が，有害因子に侵されると障害をもった子どもが生まれやすい時期と考えられます。

妊娠期の主な発育障害とその影響を，表序-1に示します。

また，赤ちゃんに母胎内の生活の影響が残っている期間の新生児期（生後7

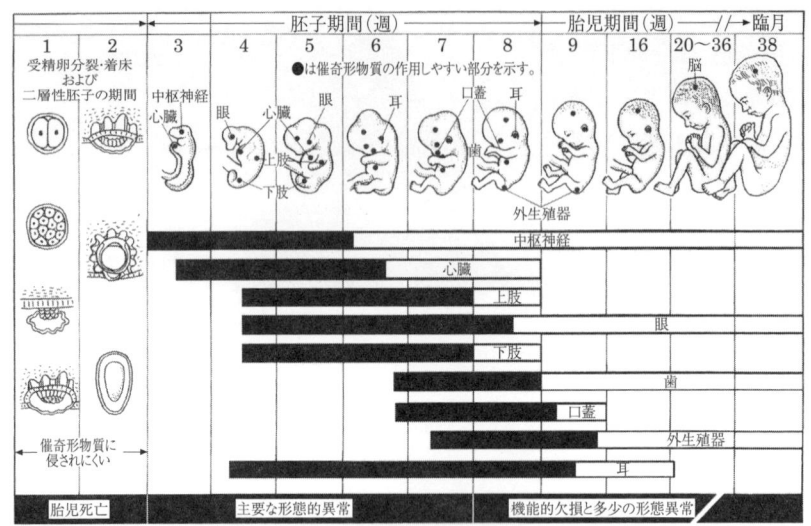

黒色は有害因子に非常に敏感な時期を示し、白色はあまり敏感でない時期を示す。身体の器官によって、この敏感な時期が異なることがわかる。

図序-3 有害因子に対する敏感な時期を示した模式図（Moore, K. L., 1973）

表序-1 妊娠期の発育障害要因（村井憲男, 1985）

要因	赤ちゃんへの影響
妊娠中毒症	死産, 発育障害, 未熟児
風疹	白内障, 聾, 小頭症, 小眼症, 自閉症, 知的障害
トキソプラズマ	水頭症, 小頭症, 知的障害
糖尿病	流早産, 巨大児, 呼吸困難症
サリドマイド	あざらし児
X線, 原爆などの放射線	流死産, 小頭症, 知的障害

日間）と妊娠28週目以降を合わせた周産期にも障害を引き起こす要因があるといわれています。これらの時期は、母体の健康状態に強く作用される時期だからです。とりわけ、出産時に難産となり、図序-4に示すような鉗子分娩や吸引分娩により脳に傷をつけてしまった場合にも、後に障害を残すことになる

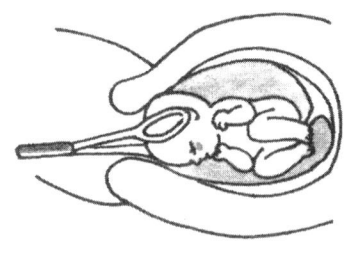
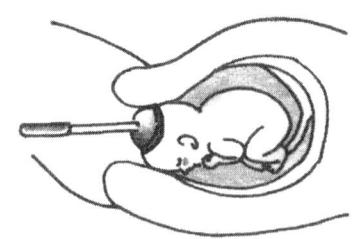

　　　a　鉗子分娩　　　　　　　　b　吸引分娩
　　　　　図序-4　鉗子分娩と吸引分娩

　　　　表序-2　周産期の発育障害要因（村井憲男，1985）

要因	原因	赤ちゃんへの影響
無（低）酸素症 （胎児，新生児仮死）	母体高度貧血， 麻酔，胎盤血行障害， へその緒の巻き付きなど	脳性麻痺，てんかん，知的障害
頭蓋内出血	鉗子分娩，吸引分娩による外傷， 未熟児，妊娠中毒症など	周産期死亡，脳性麻痺，てんかん
低血糖症	母体糖尿病，未熟児， 胎内発育遅滞児，低体温など	長時間続くと中枢神経障害を残す 可能性あり
核黄疸	無酸素症，未熟児， 母児間血液型不適合など	周産期死亡，脳性麻痺

場合があるといわれています。この周産期の発育障害要因を表序-2に示します。

第5節　障害児者の現状

1　教育

　障害のある子どもたちが就学する際には，その障害の種類や能力に応じて専門の特別支援教育を受けることになります。

　学校の種類は特別支援学校，および小・中学校の特別支援学級教育，通級による指導，訪問教育などに分けられます。

1）視覚特別支援学校（盲学校）

視覚障害児、なかでも盲の人や強度の弱視の人が通う学校で、学校教育法によると「幼稚園、小学校、中学校または高等学校に準ずる教育を施し、あわせてその欠陥を補うために、必要な知識技能を授けることを目的」として設定されている学校となっています。

対象障害児は両眼の矯正視力が0.1未満のもの、および両眼の矯正視力が0.1以上0.3未満のものであっても将来点字による教育が必要となるような子どもとなっています。

視覚特別支援学校では、その視力により盲と弱視がクラス分けされていたり、知的障害を重複している視覚障害児のためのクラスが設けられていたりします。一般学校に準じた教育以外に、点字や歩行訓練などの指導も行われています。

2）聴覚特別支援学校（聾学校）

聴覚障害児、なかでも聾や強度の難聴の人が通う学校で、視覚特別支援学校と同様幼稚園から高校まであります。聴覚特別支援学校でも、聴力によるクラス分け以外に知的障害を重複している子どものクラスもあります。一般教育に準じた指導がなされていますが、聴覚特別支援学校の特徴としては、残存聴力を伸ばしていく教育やサインによって読話・発声を補うキュードスピーチなどによる教育がなされています。

しかしながら、手話教育を中心に行っているところは少ないようです。

3）その他の特別支援学校

特別支援学校は、「視覚障害者、聴覚障害者、知的障害者、肢体不自由者又は病弱者に対して、幼稚園、小学校、中学校又は高等学校に準ずる教育を施すとともに、障害による学習上又は生活上の困難を克服し自立を図るために必要な知識技能を授けることを目的」（学校教育法第72条）として設置されており、前述した視覚特別支援学校、聴覚特別支援学校のほかに、知的特別支援学校、肢体等特別支援学校、病弱特別支援学校が存在します。

それらの特別支援学校では、障害の特性に応じた指導がなされています。その目的は、将来的な社会参加であり、障害によっては医療的なサービスを受け

たり，健康の回復をめざし，また余暇の使い方や将来的に職業的自立をめざすための準備性を高めるなどの教育がなされています。

4）特別支援学級

特別支援学級は，障害の程度が軽度の児童生徒のために編成された学級で，全国の多くの小・中学校に設置されています。

特別支援学級における教育は，原則として小学校学習指導要領または中学校学習指導要領に沿って行われます。しかし，児童生徒の心身の障害の実態に即して少人数の学級編制を行うとともに，ひとりひとりの児童生徒の心身の障害の状態や特性に応じて具体的な目標を設定し，適切な指導事項を設定するなど，よりきめ細かな指導が行われています。対象となる障害としては，知的障害，肢体不自由，情緒障害，弱視，難聴，言語障害，病弱・身体虚弱などです。特別支援学級には，固定学級と通級学級があり，2008年度の段階で学級数は小学校で26,297級，中学校で11,644級の計37,941級で児童生徒数を合わせると113,377人となっています。

a　固定学級　　特別支援学級に在籍し，多くの時間特別支援学級で指導を受けますが，図工や音楽などの一部の教科および特別活動等を通常の学級に行って指導を受けることもあります。

b　通級による指導学級　　通級による指導は，小・中学校の通常学級に在籍，主に言語障害・情緒障害などの軽度の障害のある児童生徒を対象としています。各教科等の指導を通常の学級で受けながら，障害にもとづく種々の困難の改善・克服に必要な特別な指導（言語訓練・聴能訓練など）を通級指導教室といった特別な場で受ける教育形態です。

5）訪問教育

通学することが困難な児童生徒を対象とした教員派遣による教育のかたちです。2006（平成18）年の段階で3,208人（高等部を含む）が対象となっており，在宅訪問の児童生徒が中心となっています。在宅訪問以外にも病院訪問，施設訪問などによる教育がなされています。指導日数は，週3回で，指導時間も週6時間となっており，指導時間が著しく不足している状態です。

指導の内容は，重度・重複障害児が多いため，健康の維持，増進，情緒，感覚，コミュニケーションなどとなっています。

2 福祉

障害のある人たちに対する福祉的なサービスにはさまざまなものがありますが，具体的なサービスを行っている施設として障害児施設と障害者施設に分類すると，以下のようなところが存在します。

障害児福祉関係の施設としては，知的障害児施設，知的障害児通園施設，盲ろうあ児施設，肢体不自由児施設，重症心身障害児施設，情緒障害児短期治療施設などがあります。

障害者の施設としては，身体障害者療護施設，身体障害者更生施設，身体障害者授産施設，身体障害者福祉ホーム，身体障害者福祉センター，知的障害者更生施設，知的障害者授産施設，知的障害者通勤寮，知的障害者福祉ホーム，精神障害者生活訓練施設などがあります。

授産施設とは，一般就労が困難な人が施設内で職業的自立をめざし簡単な手作業を行っている施設で，そこでの仕事は福祉的就労と呼ばれています。しかし，残念ながら授産施設が移行施設としての機能を果たしているとはいいがたく，一般就労へと進む障害者はきわめて少ない現状です。

更生施設は，授産施設対象者よりも障害が重い人が多く，就労をめざすというよりは生活指導・作業指導などがなされています。しかし，近年授産施設と更生施設の利用者に明確な能力差をみることは難しくなってきています。

これらの施設以外に無許可の小規模作業所というものがあり，ここでも作業を中心とする活動がなされています。1997（平成9）年の段階で地方公共団体から補助金を受けているものだけでも4,441カ所となっており，補助金のない小規模作業所を含めるとかなりの数になっています。

3 就労

1）雇用率

わが国では「障害者の雇用の促進等に関する法律」にもとづいて，民間企業では1.8％，特殊法人や国・地方公共団体では2.1％（教育公務員は2.0％）の障害者を雇用しなければならないことになっています。

a　身体障害者　わが国の18歳以上の身体障害者は，2001（平成13）年の厚生労働省調査では351万6,000人ですが，そのうち常用雇用されているのは34万4,000人となっています。つまり，働いている身体障害者は全身体障害者のわずか12％です。

b　知的障害者　18歳以上の知的障害者は45万9,000人で，そのうち働いている知的障害者は約6万人ですから，全知的障害者のほぼ20％，すなわち5人に1人が働いていることになります。

2）助成金制度

先の雇用率制度が，企業に対するムチの役目を果たすものだとすると，アメの役割を果たすのがこの助成金制度といわれるもので，ある程度以上の障害のある人を雇用すると，国が企業に対して助成するという制度です。助成金の種類はさまざまですが，よく使われる助成金に「特定求職者雇用開発助成金」というものがあります。この助成金の内容は，企業規模や障害のレベルにより異なりますが，企業が障害のある人に支払う賃金の何割かを助成するというものです。

表序-3にその助成金の企業規模，障害レベルによる相違を示します。

表序-3をみていただければわかると思いますが，たとえば，重度障害者が中小企業で雇用され，賃金が10万円であったとします。その賃金のうち，国が2分の1の5万円を助成することになるため，企業側が実際に労働者に支払う賃金は5万円でよく，企業の負担が軽減さ

表序-3　助成金の企業規模，障害レベルによる相違

	軽度障害者	重度障害者
大企業	賃金の4分の1	賃金の3分の1
中小企業	賃金の3分の1	賃金の2分の1

れることになります。

3) 障害のある人に対する就業援護措置

a 職場適応訓練制度と短期職場適応訓練制度　この制度も，障害のある人に対する援護制度ですが，就職後の助成ではなく，就職前になされる制度です。実際に就職しようと思っている企業において，就職前に半年間（重度障害者であれば1年以内），実際の職場で実施訓練を行い，それによって職場の環境に慣れることを目標とし，訓練が終わった段階で正式に雇用しようというものです。

その間，委託した企業に対しては，月額24,000円（重度障害者の場合は25,000円）が支給され，障害のある訓練生本人に対しても，訓練手当（金額は地域によって異なる）が支払われます。

このほかに，職場実習の期間が2週間以内（重度障害者の場合は4週間以内）と短い短期職場適応訓練というものもあります。やはり，訓練生への手当，事業所への委託費が支給されます。

b 身元保証　厚生労働省が所管する独立行政法人である雇用促進事業団が身元を保証する制度ですが，公共職業安定所の紹介で就職する場合に限られます。

4) 職業訓練関係施設等

a 障害者職業能力開発校　以前は障害者職業訓練校といわれていたもので，国立・県立を合わせると全国に19校設置されています。そのうち知的障害者の訓練科目があるのは18校となっています。

そんななか，愛知県の春日井市にある「愛知県春日台職業訓練校」は，知的障害専門の訓練校で，訓練科目としては機械，縫製，木工，陶磁器，紙器製造などが設置されています。

このほかにも知的障害者を対象とする民間の能力開発訓練施設も全国に8カ所ほど設置されています。

b 障害者就業・生活支援センター　都道府県知事が指定する社会福祉法人等の公益法人によって運営されている組織で，従来の就労支援対策では就職

が困難であった重度の障害者に対し，市町村レベルで継続的なきめ細かなサービスを提供し，就労前の訓練から，就職後の職場定着に至るまでの相談・援助を一貫して行う機関です。

その他就労については，くわしくは第12章で述べます。

I部

障害児者の現状と教育体制

第1章 視覚障害

第1節 はじめに

『座頭市』という映画をご存知ですか。中村玉緒さんのご主人であった勝新太郎さんが主演して大ヒットした映画です。目の見えない按摩(あんま)さんが目にもとまらぬ居合い抜きの早業で,バッタバッタと悪人をやっつけてしまう内容です。

さて,この座頭市というタイトルですが,意味をご存知でしょうか。

座頭というのはもともと座(ギルド,組合)の頭領を意味した言葉で,その後盲(もう)の人たちの官職を意味するようになりました。盲の人たちにはこの座頭の上に勾当(こうとう)という官職があり,その上には検校(けんぎょう)という官位がありました。座頭市というのは,座頭という盲人の集団の市さんという名の人のことだったのです。

視覚障害の分類でいうと,座頭市は完全に目が見えない全盲という分類に入ります。視覚障害にはそれ以外に,少しは見えるのだけれど十分ではない弱視という分類もあります。本章では,こういった視覚障害について勉強していきます。

第2節 視覚障害とは

目の玉のことを眼球といいますが,眼球の構造は図1-1のようになっています。

図1-1には眼球のそれぞれの部位の名前が書いてありますが,それらの部

位に損傷が起こると視覚障害となります。たとえば水晶体が白く濁ると白内障となり，ボクシングなどで網膜が剥がれると網膜剥離となり，新生児の際に保育器内で高濃度の酸素が供給されると未熟児網膜症になったりします。

一般に視覚障害者とは，「眼になんらかの疾患あるいは異常があり，そのために眼が見えないか，あるいは見えても，一般の人たちに比べて視力が著しく低い人たち」のことをいいます。

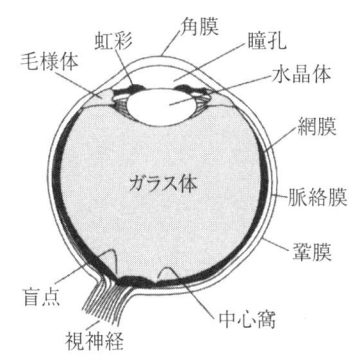

図1-1　眼球の水平断面図
（丸山欣哉，1996）

つまり，視力と視野に障害がある人ですが，視力（visual acuity）は図1-2のようなランドルト環によって測定されます。そして，墨字（点字に対して一般の文字のことをこのようにいう）による教育が困難なレベルが盲，墨字による教育が可能な人が弱視と分類されています。視覚障害手帳の等級によると，表1-1のようになっています。

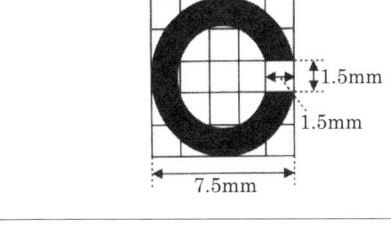

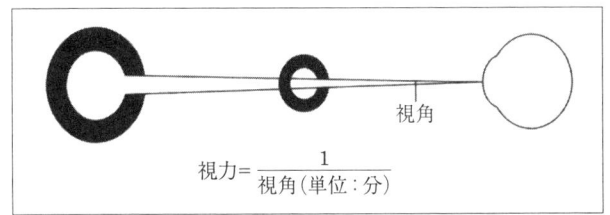

図1-2　ランドルト環および視角と視力（千田耕基，1999）

表1-1　視覚障害手帳における等級区分（身体障害者福祉法施行規則別表第5号）

1級	両眼の視力（万国式試視力表によって測ったものをいい，屈折異常のあるものについては，矯正視力について測ったものをいう。以下同じ）の和が 0.01 以下のもの
2級	1. 両眼の視力の和が 0.02 以上 0.04 以下のもの 2. 両眼の視野がそれぞれ 10 度以内で，かつ両眼による視野について視能率による損失率が 95 パーセント以上のもの
3級	1. 両眼の視力の和が 0.05 以上 0.08 以下のもの 2. 両眼の視野がそれぞれ 10 度以内で，かつ両眼による視野について視能率による損失率が 90 パーセント以上のもの
4級	1. 両眼の視力の和が 0.09 以上 0.12 以下のもの 2. 両眼の視野がそれぞれ 10 度以内のもの
5級	1. 両眼の視力の和が 0.13 以上 0.2 以下のもの 2. 両眼による視野の 2 分の 1 以上が欠けているもの
6級	一眼の視力が 0.02 以下，他眼の視力が 0.6 以下のもので，両眼の視力の和が 0.2 を超えるもの

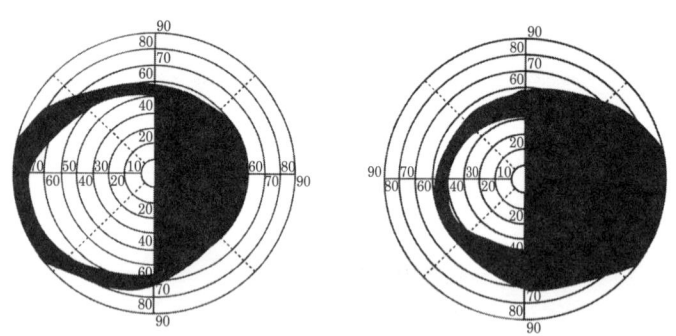

図1-3　右側同名半盲（塚原勇，坂上英，1968）

また，視野というのは視野計によって測定され，視野に異常のある場合は図1-3 のように黒く塗りつぶされます。図 1-3 は，視野の右側と左側の一部が見えない状態となった右側同名半盲とういう障害です。

1　盲

盲とは，視力が 0.02 未満の人たちで，そのため一般の人たちが使う墨字による教育が困難な人たちのことをいいますが，その盲にも全く視覚を欠く絶対

第1章 視覚障害

表1-2 盲の種類

絶対盲 (totally blind)	視覚をまったく欠く
光覚盲 (light perception)	明暗弁―明るいか暗いかがわかる
色覚盲 (color perception)	色彩の区別ができる
眼前手動盲 (hand movement)	眼の前で手を動かすとわかる
眼前指数盲 (counts fingers)	眼の前で指の数がわかる

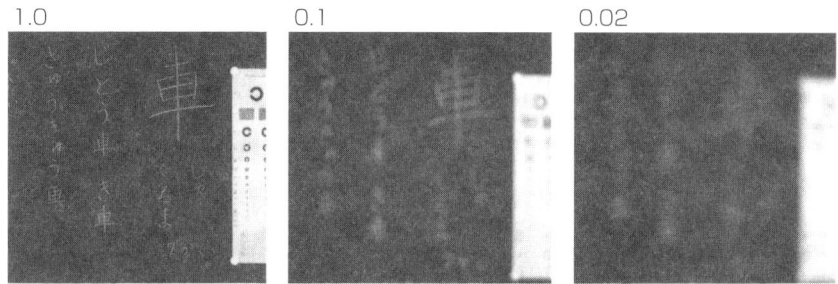

図1-4 視力の違いによる黒板の見え方 （大山信郎, 1993）

図1-5 視力の違いによる景色の見え方 （大山信郎, 1993）

盲から，かろうじて目の前の指の数がわかる眼前指数盲まで5種類の盲が存在します（表1-2）。

　視力が0.02未満というのは，1mの距離から指の数を数えることができない程度のことをいいます。視力が0.02未満になると，視覚による教育はとても難しくなってしまいます。図1-4に視力の違いによる黒板の見え方，図1-5に視力の違いによる景色の見え方を示します。0.02レベルではほとんど見えな

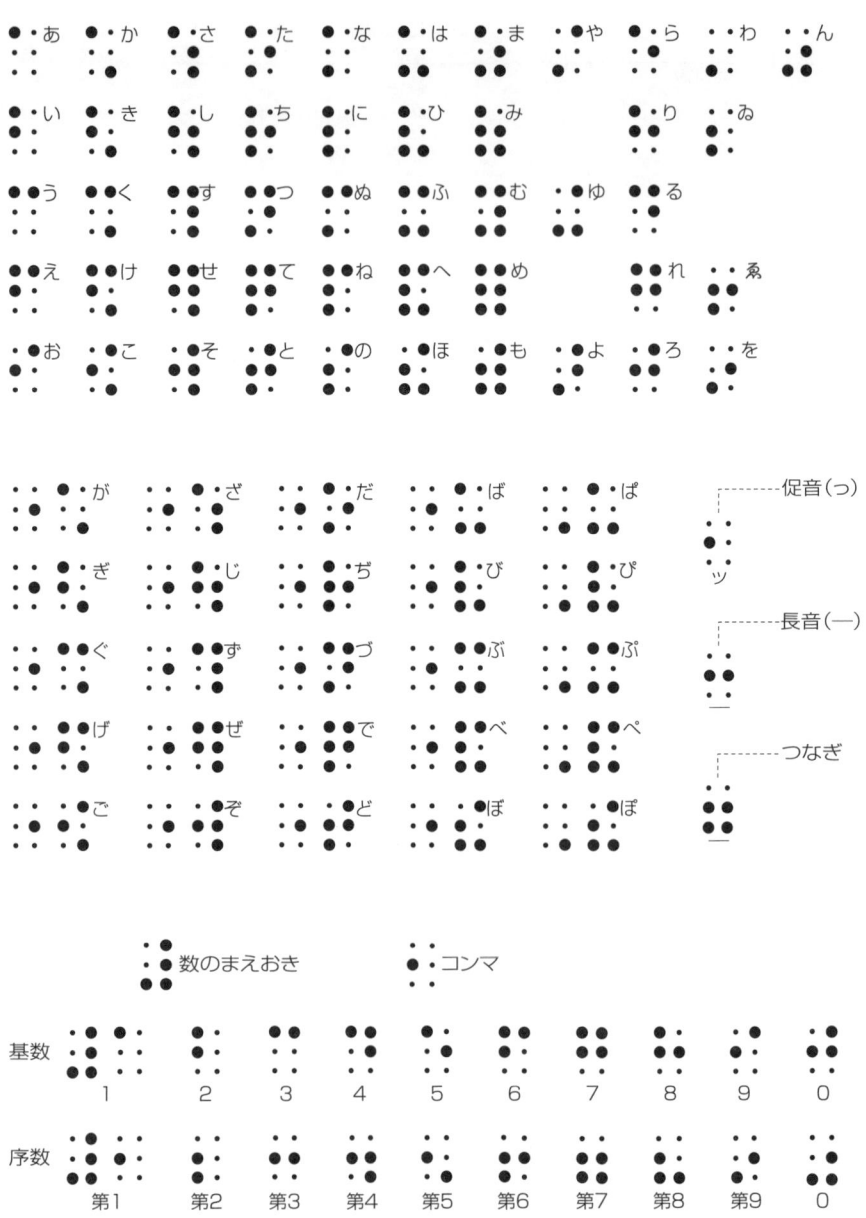

図1-6　日本訓盲点字（内山喜久雄，1978）

いですね。

　よって，盲の人たちの教育には主に点字を使って行うことになります。

　点字は，図1-6のように6カ所の点を使って表す文字で，ローマ字のように，あ，い，う，え，おの母音を基本に，か行は右下，さ行は右の中と下という具合に表します。

2　弱視

　弱視とは，視力が0.04以上，0.3未満の人たちのことをいいます。これくらいの視力があれば，視力を矯正し教室で前の方に座ったりすることにより授業を受けることが可能と考えられるからです。ここでいう視力とは，眼鏡をかけてもコンタクトをしても，何をやっても両眼矯正視力が0.3以上にはならない場合をいいます。

　視力が0.04以上，0.3未満を弱視とするのは，0.04以上の視力があれば，墨字による教育が可能となりますが，0.3未満の視力では普通の子どもといっしょの授業では黒板の文字が見えにくいからです。また0.02以上，0.04未満の人たちは以前は盲に準ずるという意味で「準盲」と呼ばれていましたが，最近ではこのレベルの人を重度弱視，0.04以上の人を軽度弱視と分類されています。以上のことから，視覚障害児の教育措置は図1-7のように，両眼の矯正視力が0.1未満の場合に視覚特別支援学校，0.1以上0.3未満あるいは視野狭窄のため点字による教育が必要な場合も視覚特別支援学校，そうでなければ普通

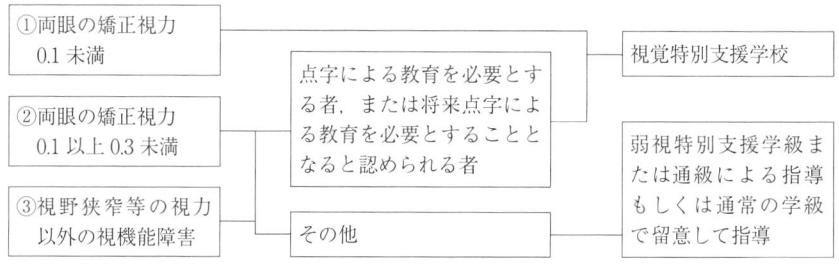

図1-7　視覚障害児の教育措置の基準（旧文部省，1995より作成）

表1-3 眼疾患の部位と症状（盲学校）
（千田耕基，1999）

順位	眼疾患の部位と症状	1990年度 %	1995年度 人数	1995年度 %
1	視神経萎縮	13.0	622	13.70
2	網膜色素変性	11.1	551	12.14
3	未熟児網膜症	11.9	547	12.05
4	白内障（含む術後）	11.9	387	8.52
5	小眼球	6.3	264	5.81
6	眼球全体 その他	2.8	197	4.34
7	緑内障	4.9	195	4.30
8	網膜芽細胞腫	3.3	152	3.35
9	屈折異常	3.5	138	3.04
10	糖尿病性網膜症	1.9	130	2.86
11	網脈絡膜疾患 その他	2.7	122	2.69
12	水眼（牛眼）	2.0	117	2.58
13	網脈絡膜萎縮症	2.7	109	2.40
14	虹彩欠損	2.4	95	2.09
15	角膜白斑・角膜混濁	1.8	92	2.03
16	黄斑部変性症	2.3	91	2.00
17	網膜剥離	2.7	88	1.94
18	視中枢障害	0.9	85	1.87
19	弱視	2.4	79	1.74
20	白子	1.4	62	1.37
21	ベーチェット病	1.3	58	1.28
22	硝子体疾患 その他	1.0	55	1.21
23	視束視路疾患 その他	0.8	42	0.93
24	眼球ろう	0.9	41	0.90
25	角膜疾患 その他	1.3	41	0.90
26	ぶどう膜炎	0.6	31	0.68
27	水晶体疾患 その他	0.3	25	0.55
28	全色盲	0.5	18	0.40
29	視神経炎	0.2	18	0.40
30	ぶどう膜疾患 その他	0.2	16	0.35
31	硝子体混濁	0.1	12	0.26
32	角膜軟化症	0.2	9	0.20
33	視神経欠損	0.3	5	0.11
34	その他（含む不明）	1.2	46	1.01
	合計		4,540	

表1-4 眼疾患の部位と症状（弱視学級）
（千田耕基，1999より改変）

順位	眼疾患の部位と症状	1990年度 %	1995年度 人数	1995年度 %
1	白内障（含む術後）	19.4	35	15.02
2	未熟児網膜症	6.2	23	9.87
	視神経萎縮	7.7	23	9.87
4	屈折異常	8.1	19	8.15
5	水眼（牛眼）	1.1	16	6.87
	眼球全体 その他	9.9	16	6.87
7	弱視	5.9	15	6.44
8	小眼症	5.1	14	6.01
9	虹彩欠損	7.7	12	5.15
10	網膜色素変性	5.9	9	3.86
11	白子	4.0	8	3.43
	網脈絡膜疾患 その他	0.7	8	3.43
13	全色盲	3.3	6	2.58
14	網脈絡膜萎縮症	0.4	4	1.72
	網膜芽細胞腫	1.8	4	1.72
16	角膜白斑・角膜混濁	0.4	3	1.29
	黄斑部変性症	2.6	3	1.29
	網膜剥離	1.1	3	1.29
19	緑内障	3.3	2	0.86
	視中枢障害	0.7	2	0.86
	その他（含む不明）	1.5	2	0.86
23	視神経欠損	0.0	1	0.43
	角膜疾患 その他	0.4	1	0.43
	水晶体疾患 その他	1.1	1	0.43
	硝子体疾患 その他	0.4	1	0.43
	ぶどう膜疾患 その他	0.0	1	0.43
	視束視路疾患 その他	0.7	1	0.43
他	眼球ろう	0.0	0	0.00
	角膜軟化症	0.0	0	0.00
	硝子体混濁	0.7	0	0.00
	ぶどう膜炎	0.0	0	0.00
	ベーチェット病	0.0	0	0.00
	糖尿病性網膜症	0.0	0	0.00
	視神経炎	0.0	0	0.00
	合計		233	

学校の弱視学級，あるいは通級学級や通常学級に通うことになります。

ちなみに，視覚障害児に対し，目の見える人たちのことを晴眼（正眼）児者と呼ぶことがあります。

3 視覚障害の原因

視覚障害とひと言でいっても，未熟児網膜症や白内障などその原因はさまざまです。また，盲と弱視では，その発生原因にやや相違があるようです。表1-3，1-4に視覚特別支援学校と弱視学級の児童生徒の視覚障害の原因を示します。

第3節 視覚障害児の教育

序章でも述べたように，行政では児と者の境目を18歳においています。すなわち，18歳未満が児で，18歳以上が者となります。1996（平成8）年に行われた厚生省（当時）の調査では，視覚障害児は5,600人，視覚障害者は約30万5,000人となっており，合計するとわが国には，約31万人の視覚障害児者がいることになります。

1 弱視

弱視者の場合は，打撲など外力や急激な運動によって，眼球破裂や網膜剥離などを起こし失明する危険があります。そのため適切な管理をしなければなりません。弱視者は，文字の読み書きの際に，一般に人よりも明るさを要求しますが，全色覚盲者など視覚障害の種類によっては明るいところではまぶしく感じる人もいます。

そのため，図1-8のような文字を拡

図1-8 拡大読書器 白黒の反転表示（写真提供：香川邦生・青木成美・中野泰志，1999より転載）

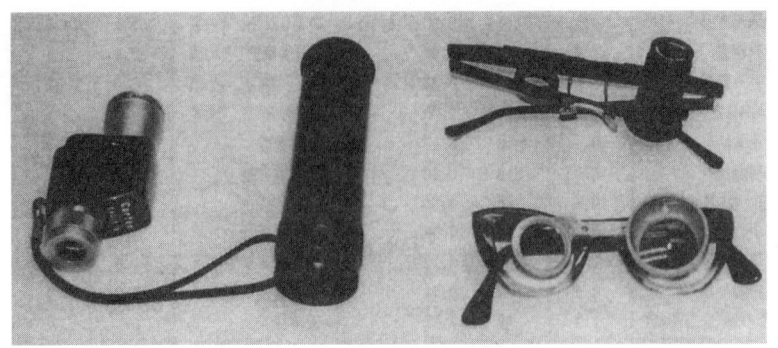

左　非円筒型の手持ち型遠用レンズ　　中央　円筒型の手持ち型遠用レンズ
右上　眼鏡型遠用レンズ　　右下　眼鏡型近用レンズ

図1-9　さまざまな弱視レンズⅠ（遠用レンズ・眼鏡型レンズ）（大倉滋之，1999）

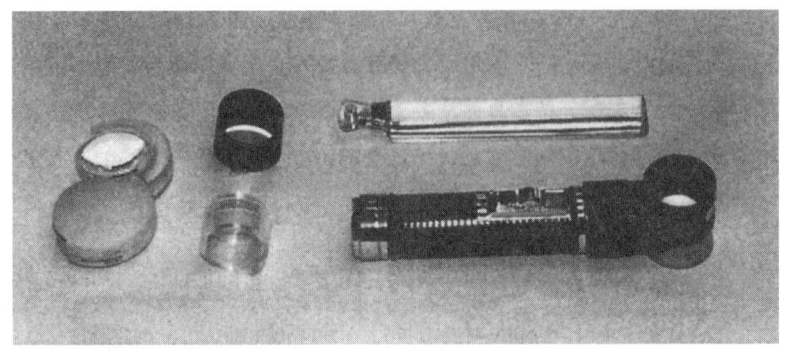

左　手持ち型近用レンズ　　中央　着脱可能なスカートのついた近用レンズ
右上　バータイプの卓上型近用レンズ　　右下　照明付きの手持ち型近用レンズ

図1-10　さまざまな弱視レンズⅡ（手持ち型・卓上型の近用レンズ）（大倉滋之，1999）

大する拡大読書器などによって，小さい文字が書かれているものでも大きな字となって読むことができますが，背景を黒にし，文字を白にしたり，逆に背景が白，文字が黒という反転表示によって学習していきます。

また，図1-9，図1-10などに示されるさまざまな弱視レンズと呼ばれる道具を使用することにより，文字を読むことができるようになります。

2 盲

　盲の人たちは，文字を拡大しても文字そのものを読むことは困難なので，視覚以外の感覚刺激を用いて学習することになります。最も使われているものは，図1-6に示されたような点字です。それ以外にも音声による学習は可能なので，ラジオやカセットテープ，CDなどによって勉強することが可能となります。

　また，触覚を用いて学習を促進できるように，レーズライターや図1-11のようなオプタコンと呼ばれる機械があります。レーズライターとは，ゴム板の上に薄い塩化ビニール用紙が置かれており，その上をボールペンで描くと，その筆跡が盛り上がってくる機械です。つまり，さわってわかるようになるのです。オプタコンも指の感触によって文字を認識する機械で，アメリカで視覚障害の娘をもつ父親によって開発されました。しかしながら，アルファベットは26文字なので学習によって使いこなせるようになりますが，わが国では漢字文化なので，複雑な文字を指の感触だけで読みとることは難しいようです。

　このような，文字や図などを認識する機械以外に，盲人用の時計や算盤など盲の人にわかりやすいように設計されたさまざまな機械を使用することによって，社会生活が容易になります。

　また，盲の人たちの社会生活における問題のひとつに移動があります。弱視者の場合は，小さい字や絵はわからなくても，外界のおよそのイメージはわかりますので，単独での外出はそれほど問題はありません。しかし，盲の人の場合，外界の状況が全くわからないので単独外出はとても危険です。そのため，図1-12のような白杖というもので自分の歩く道の前に障害物がないかどうか確かめて歩くようになります。

　さらに，誘導してくれる晴眼者がいる場合には，図1-13のように，誘導する人は視覚障害

図1-11　オプタコン（山下栄三，1985）

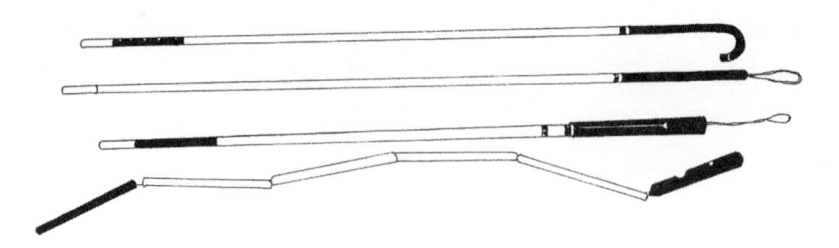

図 1-12　さまざまな白杖（高柳泰世，1996）

図 1-13　視覚障害者誘導の基本姿勢

者の手や腕を引っ張るのではなく，視覚障害者の方が晴眼者の腕あるいは肩に手を置いて歩きやすいように誘導します。しかし，晴眼者が常に盲の人といっしょにいられるわけではないので，盲の人を援助できるように訓練された盲導犬（図1-14）によって単独外出が可能な人たちもいます。

さらに，食事の時に何がどこに置いてあるかわからないような場合は，図1-15のように時計の文字盤による配置で説明するとわかりやすいようです。

図1-14　盲導犬

図1-15　時計の文字盤による位置指導

第4節　視覚障害児者の自立をめざして

1　成人視覚障害者の現状

　序章で述べたように，障害児教育を考えていく際には，彼らの青年期・成人期の自立，社会参加を目標としなければなりません。

　そのためには，現実の視覚障害者がどのような仕事についているかを考えてみましょう。1993（平成5）年に旧労働省が行った「身体障害者等雇用実態調査」では，視覚障害者の中で働いている人たちは2万3,000人で，全視覚障害者のわずか7.5％にすぎません。10人の視覚障害者の中で9人以上も職に就いていないのです。この数字は視覚特別支援学校高等部卒業生の就職率15.4％（1997〔平成9〕年度）と比べると，その半分となっています。その理由は18歳段階で就職しても，その後定着せずに高齢になるに従い，雇用が進まなくなってきているのではないでしょうか。

　視覚障害者がどのような仕事に就いているかをみてみると，サービス業がその半分を占めています。これは，いわゆる三療（針灸・按摩・マッサージ）の仕事であり，ついで製造業，卸売り・小売業・飲食店となっています。この3種類で全体の9割近くを占めています。また，事業所規模では5～29人といった零細企業が最も多く，1,000人以上の大企業となるとわずか4％あまりです。これをみると，成人期に達した視覚障害者の職業的自立はかなり厳しいことがうかがえます。

　以上のことを考えると，学校在学中から将来の職業的自立をめざした教育が必要なことがおわかりいただけるものと思います。

2　今後の視覚障害者支援

　視覚特別支援学校の調査によると，過去5年間の進路においては，普通科に属している生徒と理療科関係に属している生徒とは大きく異なっていることが示されています。視覚特別支援学校卒業生の多くは専攻科や大学・短大等へ進

学しており，一般企業への就職は7.2％にすぎません。その中でも，普通科卒業生の一般就労はほとんどが弱視生であり，全盲生の一般就労はごく限られたものとなっています。

　また，理療科関係の卒業生は治療院や病院関係になどの他に企業ヘルスキーパー，特別養護老人ホーム，健康産業などへ進んでいる人もみられます。

　しかしながら，就職しても定着しない視覚障害者がどの学科でもみられるとのことであり，就労前の教育が必要であると視覚特別支援学校でも考えています。

　よって，盲の場合は学校在学中に白杖などによる移動能力を身につけたり，盲，弱視を問わず社会生活における基本的なスキルの獲得が望まれます。

　最近では，専攻科や職業訓練関係施設，短大などにおいて視覚障害者にもOA機器の指導がなされるようになってきており，情報関係への就職もひとつの選択肢と考えられるようになってきました。

　さらに，先の調査では新たに開拓していく職場として，老人福祉施設や健康産業，スポーツジム，エステサロンなどが候補にあがっており，視覚障害の特性や資格をいかした職場開拓の必要性が叫ばれるようになってきました。以上のような状況を考えると，視覚障害者の自立をめざすためには，そのような新しい職種に応じた学校教育が早期からなされていくことが望まれます。

　また，視覚障害者をとりまく環境からのアプローチも望まれます。駅周辺の歩道に点字ブロックがあっても，無造作に自転車を置いている人がいますが，あれがどれだけ視覚障害者にとって迷惑なことか！

　視覚障害者は，あの点字ブロックを足の裏で確認しながら歩いて行くのです。点字ブロック以外にも音の出る信号機や駅の券売機，階段の手すり，またエレベーターの階段を示す際などに点字で記されるところが増えてきましたが，これらは視覚障害者にとってはとても助かります。このように，視覚障害があるから社会生活が営めないという発想ではなく，視覚障害者が社会で生活するためにはこのようなものがあれば理解しやすいといった環境からのアプローチを行うことも必要です。

最近では缶ビール等のアルコール飲料のプルトップのところやシャンプー，リンスの容器にも点字で中身がわかるように記されたものも増えてきました。もっともっと社会のほうから障害者へ歩み寄る時代が来てほしいものです。

Column 1　視覚障害者と音楽

"We are the world" や "I just call to say I love you" で有名なアメリカの音楽アーチストにスティービー・ワンダーという人がいます。アメリカでは歌手として有名で，たまたま目が見えない人といわれています。しかし，日本に来るとマスコミによって「盲目の歌手」と，歌手以前に盲目という形容詞が強調されるため，がっかりされていました。

不思議ですね，日本という国は。このスティービー・ワンダー以外にもホセ・フェリシアーノというギタリストがいますし，日本にも長谷川きよしさんというとてもすばらしいシンガーソングライターがいます。

最近では，ロン・ティボー国際音楽コンクールで2位に入賞した梯剛之さんや天才少年ピアニストも話題になりましたが，視覚障害の人は五感のうちのひとつを失っているため，それ以外の感覚が研ぎ澄まされていくのでしょうか。とりわけ，聴覚から入ってくる音と指でさわる触覚に対しては，すばらしい感性をもっている人が多いのかもしれませんね。

そういえば，激しいバチさばきで津軽三味線を全国に広めた高橋竹山さんも視覚障害者でした。

第2章 聴覚障害

第1節 はじめに

　最近，テレビドラマの影響からか，手話を学ぼうとする若い人たちが増えてきているそうです。手話とは，耳の聞こえない人たちのコミュニケーション手段のひとつですが，耳の聞こえる人たちが耳の聞こえない人たちのことを少しでも知る機会になれば，このようなドラマが放映されることはとてもいいことだと思います。

　さて，この手話ですが，耳の聞こえない人たちは，みんなこの手話が使えるのでしょうか。また，耳の聞こえない人たちはこの手話を学校で学んできたのでしょうか。

　答えは「ノー」です。聴覚障害児が通う聴覚特別支援学校や難聴学級で，手話による教育が行われているわけではありません。それ以外にさまざまな指導法があるのです。

　この章では，耳が聞こえない，あるいは聞こえにくい人たち，すなわち聴覚障害児者について学んでいきます。

第2節 聴覚障害とは

1 聴覚障害の原因

　1960年代なかば，アメリカで風疹が大流行しました。この風疹の名前を「ル

ベラ」といい，このルベラに感染した妊婦が数多くの障害児を出産することになり，その中にたくさんの聴覚障害児がいました。その後すぐにわが国でも当時アメリカの施政権下にあった沖縄で風疹が流行し，300人以上もの先天性風疹症候群児が生まれました。その子どもたちの特徴として，高度難聴の頻度がきわめて高かったことが報告されています。

このように，聴覚障害の原因は風疹にかかった母体から感染するものや，遺伝性によるもの，ウイルスによるもの，薬物によるものなど多岐にわたっています。そして，その聴覚障害は，聞こえのレベルによって二分すると，聾（ろう）と難聴に分けられます。

2 聾

聾とは，ほとんど聞こえないということを意味し，難聴は聞こえづらいということを意味します。この，聞こえに関する能力を聴力といいますが，聴力はオーディオメータというもので測定します。一般に平均聴力損失が90dB以上の人たちを聾とみなしています。dBとはデシベルと呼び，聴力レベルを示します。90dBというと耳元で大きな声を出すとやっと聞こえるレベルで，100dB以上となると両耳が全く聞こえないレベルと考えてよいでしょう。

その聾にも生まれながらにして耳が聞こえない先天聾と今まで聞こえていたものがなんらかの原因によって聞こえなくなってしまった後天聾に二分されます。

生まれたときから耳が聞こえない，あるいは言葉を覚える前の小さいときに聞こえなくなった場合などのことを先天聾とか早期失聴という言い方をします。この場合，耳から入ってくる言葉はほとんど覚えていないので，表出する言葉にも影響を及ぼし，言語障害をともなうことが多くなります。

しかし，後天聾あるいは中途失聴の場合は，一度言葉を獲得しているため，自らしゃべる表出言語には問題はありません。しかし，今まで聞こえていた人の言葉が聞こえなくなってしまったので，精神的ないらだちが生じてきます。

3 難聴

難聴は，聞こえの能力が20dB以上の人たちのことで，そのレベルにより高度難聴，中度難聴，軽度難聴に分かれ，また耳の中のどの部分に傷害を受けたかによっても分類されます。

1）伝音性難聴と感音性難聴

まず，伝音性難聴ですが，これは図2-1に示される外耳と中耳の部分（伝音系）に傷害を受けた場合に生じる難聴で，音や声は聞こえるのですが，小さく聞こえる状態です。ですから，耳のそばで話してあげたり，大きな声で話してあげることにより聞き取ることができます。聴力レベルで70dBを超えることはありません。また，補聴器などの使用も効果があります。

それに対し，感音性難聴は図2-1の内耳から脳に至る部分（感音系）に傷害を受けた場合で，音は聞こえても何を言っているのかわからない状態です。ですから，感音性難聴の人たちには補聴器を利用しても話し言葉を理解することは困難です。

この他に，伝音性と感音性が重複した混合難聴があります。

2）聴力図（オーディオグラム）による分類

また，同じ難聴によってもその聞こえる音の高さにより，さまざまなパターンが生じます。図2-2の①〜⑤はオーディオグラムといってオーディオメータによって測定された聴力図です。

①水平型は，各周波数の聴力レベルがほぼ同程度であるものです。②低音障害型は，低音域の聴力レベルが高音域のそれよりも低下しているもので，伝音性聴覚障害に多くみられます。③高音漸傾型は，低音域から高音域にかけて，聴力レベルが漸次低下していくものです。④高音急墜型は，低音域に比べて1,000Hzあるいは，2,000Hz以上の中〜高音域の聴力レベルが急激に低下しているもので，薬物中毒（ストレプトマイシンなど）による難聴にみられます。⑤dip型は，2,000Hzとか4,000Hzというように，特定の周波数における聴力レベルが，特徴的に低下しているもので，外傷性あるいは騒音性の聴覚障害の初期にみられます。

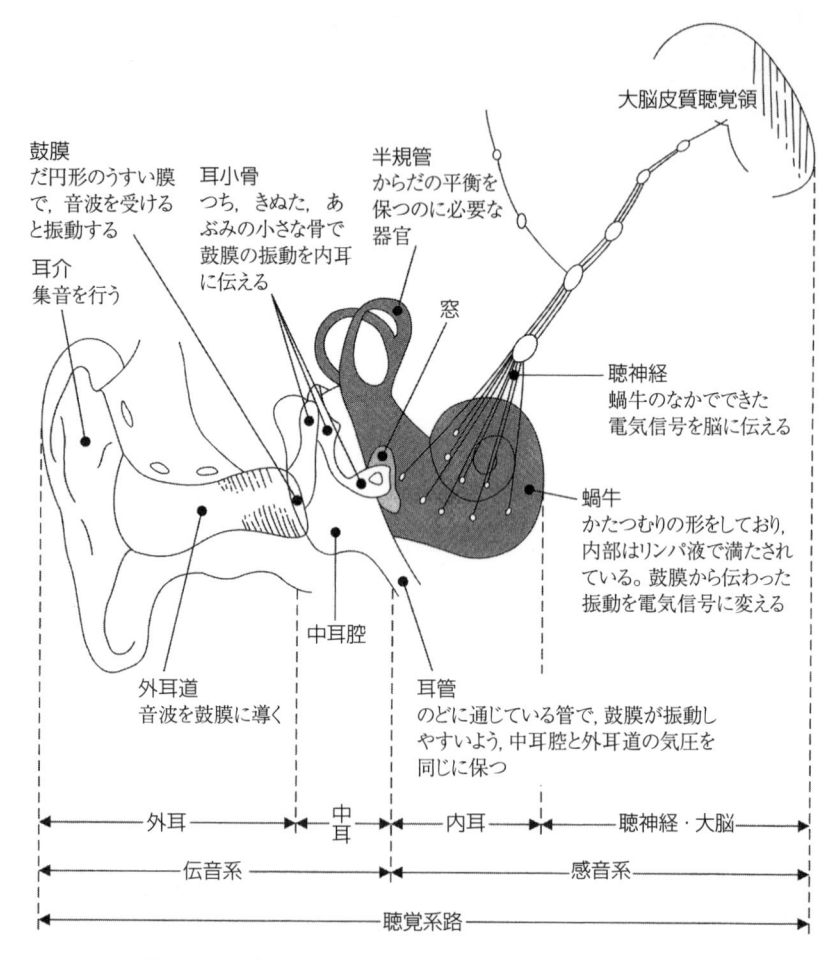

鼓膜
だ円形のうすい膜で, 音波を受けると振動する

耳小骨
つち, きぬた, あぶみの小さな骨で鼓膜の振動を内耳に伝える

半規管
からだの平衡を保つのに必要な器官

大脳皮質聴覚領

耳介
集音を行う

窓

聴神経
蝸牛のなかでできた電気信号を脳に伝える

蝸牛
かたつむりの形をしており, 内部はリンパ液で満たされている。鼓膜から伝わった振動を電気信号に変える

中耳腔

外耳道
音波を鼓膜に導く

耳管
のどに通じている管で, 鼓膜が振動しやすいよう, 中耳腔と外耳道の気圧を同じに保つ

外耳 ／ 中耳 ／ 内耳 ／ 聴神経・大脳

伝音系 ／ 感音系

聴覚系路

図 2-1 聞こえのしくみ（相良多恵子, 1999 より一部改変）

第2章 聴覚障害

①水平型

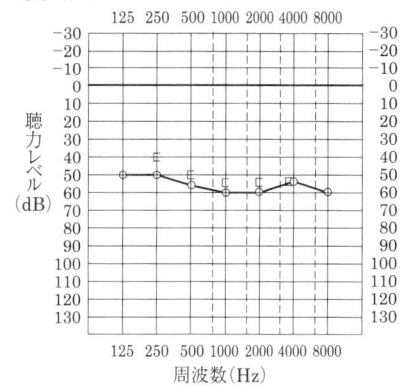

②低音障害型

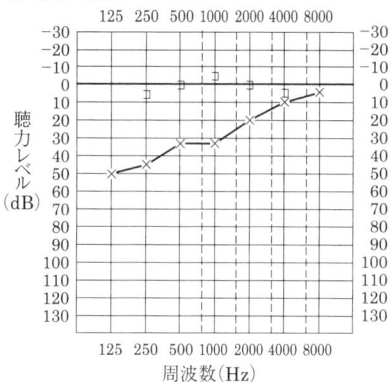

③高音漸傾型

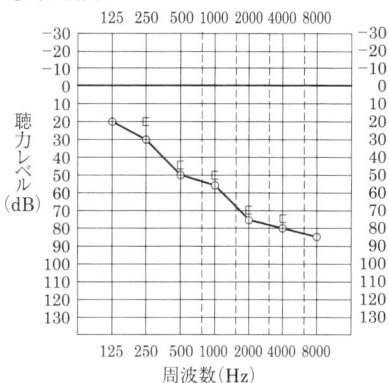

④高音急墜型

⑤dip型

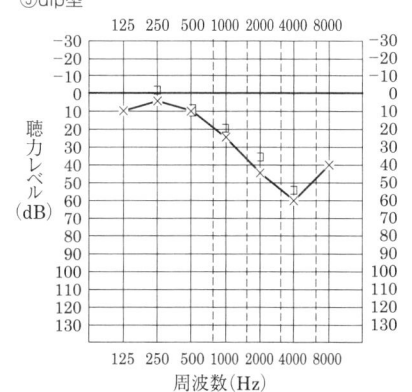

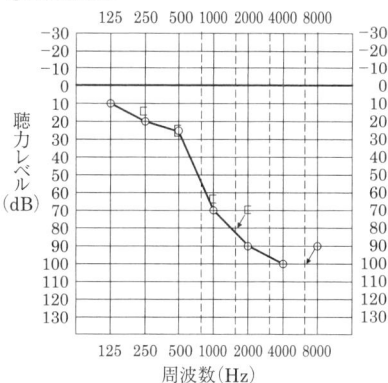

図2-2　オーディオグラムによる難聴のタイプ（吉野，1980より改変）

第3節 聴覚障害児の教育

聴覚障害のある子どもは，その聴力レベルによって図2-3のような聴覚障害児の教育措置がなされています。

図2-3のとおり，中軽度難聴レベルの聴覚障害児は難聴学級や通級学級などに行くため，主に言語による教育がなされますが，高度難聴および聾の子どもは聴覚特別支援学校へ進学し，聴覚障害レベルに応じた以下のような教育がなされています。

1 口話

一般的に聴覚特別支援学校では，難聴の人たちには残存聴力を生かすべく口話教育を行っているところが多いようです。口話教育とは手話教育に対する用語で，音声言語を手段とする教育です。主に，読話・発語・聴能訓練を行います。

読話（読唇術）とは，話し手の口の動きを視覚的にとらえて，何をしゃべっているかをわかろうとするものです。読話は早期教育により言語と思考の発達が期待され，健聴者（聴覚障害者から見た耳の聞こえる人のことをいう）とのコ

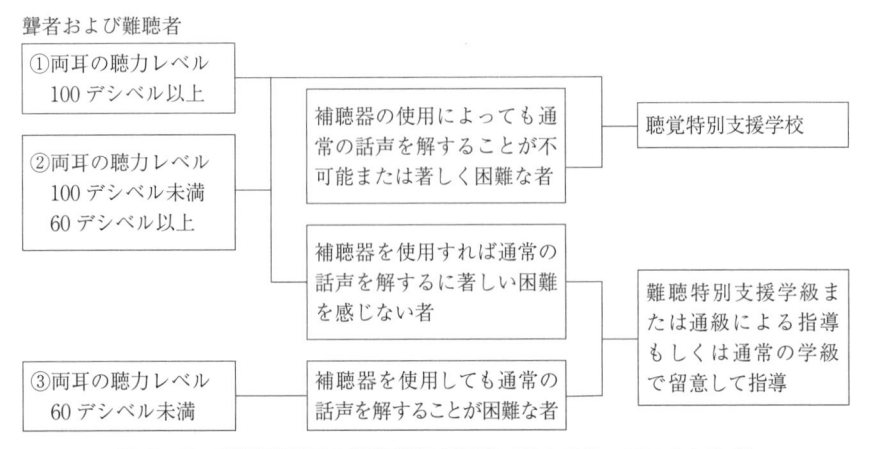

聾者および難聴者

①両耳の聴力レベル 100デシベル以上	補聴器の使用によっても通常の話声を解することが不可能または著しく困難な者	聴覚特別支援学校
②両耳の聴力レベル 100デシベル未満 60デシベル以上	補聴器を使用すれば通常の話声を解するに著しい困難を感じない者	難聴特別支援学級または通級による指導もしくは通常の学級で留意して指導
③両耳の聴力レベル 60デシベル未満	補聴器を使用しても通常の話声を解することが困難な者	

図2-3　聴覚障害児の教育措置の基準（旧文部省，1995より作成）

ミュニケーションの可能性があります。しかしながら問題も抱えています。ここでひとつ実験をやってみましょう。

それでは，鏡を見て声を出さずに次の言葉をしゃべってみてください。

・卵　　　煙草　　　海鼠（ナマコ）

・仮名　　　花

どうでしたでしょうか。口の形はほとんど同じですね。このように，読話は聴覚障害のレベルにもよりますが，さまざまな問題をかかえています。以下にそのいくつかを示します。

(1) 弁別できない音があります。
(2) 採光が悪いと読みとりが困難です。
(3) 速くしゃべられると読みとりが困難になります。
(4) 話し手が次々変わると，そちらに顔を向けねばならずついていけなくなってしまいます。

日本語では，特に以下のような問題があります。

(1) 口の中で発生するような音（K.S.T.H）が多い。
(2) 口形運動が小さい。
(3) 同音異義語が多い（ハシ，コウセイ，カキなど）。
(4) 公用と私用の語（たとえば切符と乗車券）が違う。

2　手話

聾の人には残存聴力による教育は難しくなり，手話や指文字による学習の方が適しています。指文字とは，図2-4a，bに示されるような五十音をひとつひとつ指で表す表現です。これに対し，手話は図2-5のように単語を手や身体全体を使って表現します。

手話では，テニヲハなどの助詞を使用することは少なく，また私たちが使っているような主語，述語，目的語などの文章表現ともやや異なる場合がありますが，聴覚障害の人たちにとってはとてもコミュニケーションがとりやすい表現です。

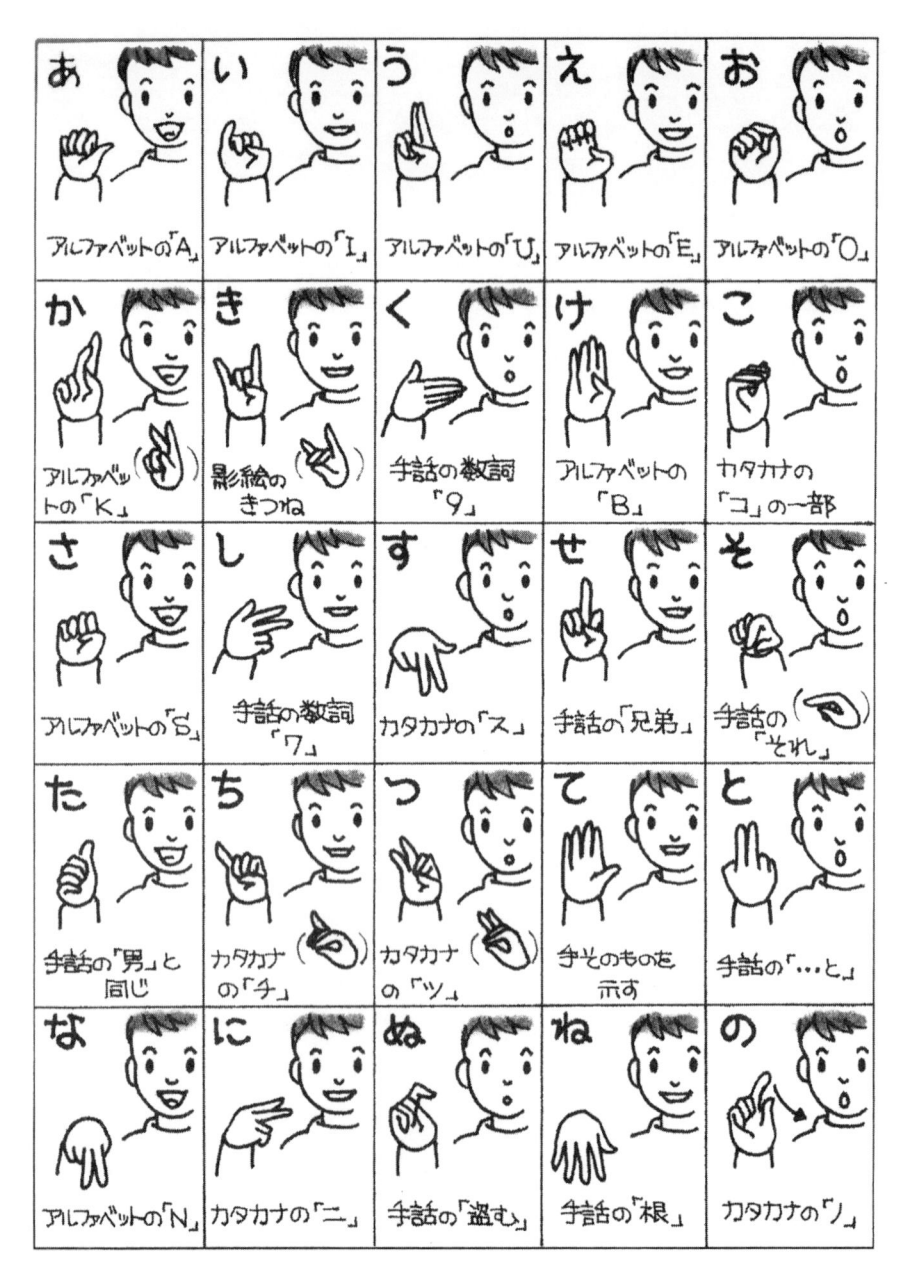

あ	い	う	え	お
アルファベットの「A」	アルファベットの「I」	アルファベットの「U」	アルファベットの「E」	アルファベットの「O」
か	き	く	け	こ
アルファベットの「K」	影絵のきつね	手話の数詞「9」	アルファベットの「B」	カタカナの「コ」の一部
さ	し	す	せ	そ
アルファベットの「S」	手話の数詞「7」	カタカナの「ス」	手話の「兄弟」	手話の「それ」
た	ち	つ	て	と
手話の「男」と同じ	カタカナの「チ」	カタカナの「ツ」	手そのものを示す	手話の「…と」
な	に	ぬ	ね	の
アルファベットの「N」	カタカナの「ニ」	手話の「盗む」	手話の「根」	カタカナの「ノ」

図2-4a 指文字による「あ～の」

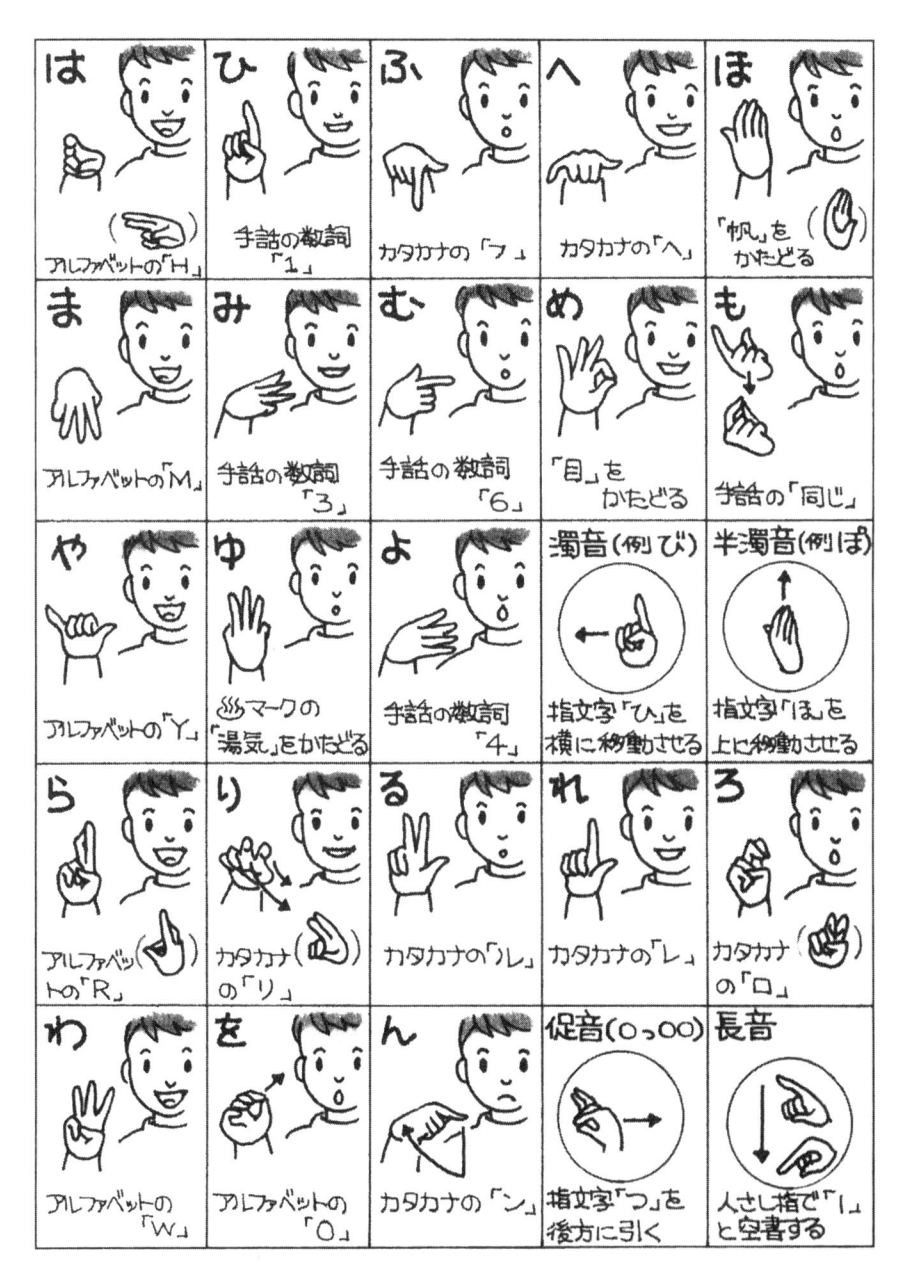

図2-4b 指文字による「は〜ん」

図2-5 手話によるあいさつ

しかし，問題もあります。両親が聴覚障害者である娘の人生を綴った有名な映画に『愛は沈黙をこえて』という洋画がありますが，この中で弟が死んだ際に葬儀屋で棺桶を買うシーンが出てきます。しかし，貧しい両親は棺桶を買うにもわずか10ドルしか持っていません。それを娘が葬儀屋に通訳すると，葬儀屋は驚いて，"What kind of people are you?（何という人たちだあなた方は。子どもが死んだというのに……）"と皮肉を込めて言います。それを手話で両親に通訳すると，「あなた方はどんな人たちですか？」と受け取られてしまい，両親は「私たちは印刷工とミシンかけです」と答えてしまいます。

このように手話は聴覚障害者にとってとても有効なコミュニケーション手段のひとつですが，比喩的な表現はやや難しいため，できるだけわかりやすくコミュニケーションをとることが必要でしょう。

3 同時法

口話に手話や指文字を同時に併用する方法を同時法と呼びます。その他に口話と指文字を併用するローチェスター法，口話を主にして，手がかりとして手話をそえるキュードスピーチ法などもあります。

第4節 聴覚障害児者の自立をめざして

聴覚障害も18歳未満の聴覚障害児と18歳以上の聴覚障害者に分かれますが，一般に先天的な聴覚障害児者は耳からの情報が入ってこないため，しゃべることにおいても障害のある場合が多く，表2-1に示される行政による手帳では聴覚障害だけの等級となっています。これに言語障害を重複している場合は，手帳の等級が上がることになります。1996（平成8）年度の調査では，聴覚言語障害児は1万6,400人，聴覚言語障害者は35万人となっており，あわせて36万6,400人の聴覚障害児者がいます。

成人期に達した聴覚障害者の状況をみてみると，1997（平成9）年度の聴覚特別支援学校卒業生の就職率は37.4％と他の障害に比べ最も高い率を示してい

表2-1 聴覚障害者の手帳等級（身体障害者福祉法施行規則別表第5号）

1級	なし
2級	両耳の聴力レベルがそれぞれ100デシベル以上のもの（両耳全聾）
3級	両耳の聴力レベルが90デシベル以上のもの（耳介に接しなければ大声語を理解し得ないもの）
4級	1. 両耳の聴力レベルが80デシベル以上のもの（耳介に接しなければ話声語を理解し得ないもの） 2. 両耳による普通話声の最良の語音明瞭度が50パーセント以下のもの
5級	なし
6級	1. 両耳の聴力レベルが70デシベル以上のもの（40センチメートル以上の距離で発声された会話語を理解し得ないもの） 2. 一側耳の聴力レベルが90デシベル以上，他側耳の聴力レベルが50デシベル以上のもの

表2-2 聴覚特別支援学校専攻科の設置科目内容

被服科	クリーニング科	竹工科
産業工芸科	デザイン科	表具科
理容科	金工科	美術科
普通科	窯業科	工芸科
印刷科	歯科技工科	塗装科
家政科	室内工芸科	園芸科
機械科	生産技術科	
美容科	色染科	

ます。就職以外では，大学や専攻科へ進んだり，職業訓練や各種専門学校へ進む人が多く，社会福祉施設や医療施設等へ進んだ人はわずか5.3％と他の障害に比べてきわめて少ない現状です。

　聴覚特別支援学校卒業後に進む専攻科には，表2-2に示すように機械科，産業工芸科，印刷科，被服科，歯科技工科，美術科など職業科が設けられています。そして，1994（平成6）年から印刷科を改変しパソコンなどが導入されています。

　就職先の職種は運搬・加工・組立などの簡易作業が高等部，専攻科とも最も

多く，ついで事務関係の職業，熟練技能の職業，販売・サービスの職業などとなっています。

このように，聴覚障害者は職業的な社会自立は他の障害児者に比べ門戸は開かれていますが，一般に離職・転職も多いといわれています。その原因は健聴者とうまくコミュニケーションがとれず，自分のことを悪く言われているのではないかと疑心暗鬼になったり，自分だけ仲間はずれになっていると感じたりすることがあるからだそうです。

よって，聴覚障害者の社会参加においては，彼らをとりまく健聴者側からの歩み寄りも必要となってきます。

最近では，印刷や理容といった従来からの職種以外に，銀行員，歯科技工士，パッケージデザイナー，写真家などになった聴覚障害者もいます。そのような多様な選択肢が広がっていくことはとても望ましいことですが，それらの職種に応じた高等部や専攻科の指導がなされなくてはなりません。また，より高等教育をめざし，大学への進学を希望する人も増えてきています。先天聾でありながらも，大学の法学部へ進み見事司法試験に受かり，手話を使って弁護士をされている人もいます。アメリカではギャロデッド・カレッジといった聴覚障害者のための大学が設置されており，入学者も年々増加し，1981年には1,000人もの新入生が入学したそうです。

これら，将来の自立をめざすための学校教育のあり方をより柔軟に模索していく必要があるのではないでしょうか。

第3章 言語障害

第1節 はじめに

　みなさんの中で，生まれてから一度も歯医者さんに行ったことがないという人はいらっしゃらないでしょう。歯医者さんでは歯の治療のため口の中に麻酔をかけることがあります。麻酔にかかると口の機能が麻痺してしまい，うがいをしても口から水がこぼれてしまった経験はありませんか。このように，口が麻痺してしまうと，うまく動かすことができないため変なしゃべり方になってしまいます。

　また，英語を学び始めたとき日本語にはないfやvの発音，あるいはthisのthの発音をするのには大変苦労しましたよね。rとlの発音の違いなどは日本人としてはとても難しい発音です。しかし，英語を母国語とする人たちからみると，その違いははっきりしており，私たち日本人がlightとwriteを同じように発音すると，うまく発音ができていない人と思われてしまうでしょう。

　聴覚障害者の場合は，情報処理における耳からのインプット（導入，受容）に障害があるのに対し，言語障害とは口からのアウトプット（表出）に障害を来している状態です。第2章に述べたように生まれながらにして聴覚に障害がある場合は，言葉の情報が入ってこないため，言葉そのものがどのような音声を示すのかわかりません。よって，どのように表出していいかわからず，言語にも障害をおよぼしてしまうことになります。

　このように，言語障害とひと口にいっても，麻痺から来るもの，発音の拙さ

から来るもの，聴覚障害によるものなどさまざまです。

この章では，その言語障害について学習していきます。

第2節　言語障害とは

1　言語障害の定義

言語は，自分の考えを相手に伝える表出言語と，相手の考えを理解する理解言語に分けることができます。そして，言語に障害がない人は，自分の考えを相手に伝えたり，相手の考えを理解するといったコミュニケーションのほとんどを言語によって行います。しかし，言語に障害がある人は，そのコミュニケーションを言語によって行うのに困難を示すのです。

言語障害とは，文部科学省によると「その社会の普通一般の聞き手にとって，話の内容に注意がひかれるのと同様に，あるいはそれ以上に，ことばそのものに注意がひかれてしまうような異常な話し方をする状態，およびそのために本人がひけめを感じたり社会生活に不都合をきたしたりするおそれのある状態」と定義されています。

基準はその社会の普通一般の聞き手ですから，外国語や方言によって自分の住んでいる社会ではないところでうまく通じなくても，それは言語障害とはいいません。

言語障害には，情緒的な問題によって引き起こされる吃音（きつおん）や緘黙（かんもく），失声症などのほか，脳性麻痺や口蓋裂（こうがいれつ）などの器質的な損傷によるもの，そして知的障害により言語を獲得することが困難な場合などがあり，人口の5％に出現しているといわれています。

2　言語障害の種類

言語障害をいくつかに分類すると，聴覚障害にともなう言葉の異常，構音障害（調音の異常または発音の異常）や話し声の異常（音声障害），吃音などの話すリズムの異常。次に知的障害児などの言葉の発達が遅れている場合（言語発達

表3-1 音声機能，言語機能，または咀嚼機能の障害
（身体障害者福祉法施行規則別表第5号）

級	
1級	なし
2級	なし
3級	音声機能，言語機能または咀嚼機能の喪失
4級	音声機能，言語機能または咀嚼機能の著しい障害
5級	なし
6級	なし

遅滞），さらに口蓋裂や脳性麻痺，失語症などの脳や口蓋といった器質的な障害から来ているもの。そして，緘黙症などの情緒的な要因による障害などに分類されます。

言語障害の手帳の等級は表3-1に示すように，①3級：音声機能，言語機能または咀嚼機能（そしゃく）の喪失と，②4級：音声機能，言語機能または咀嚼機能の著しい障害の2つの等級しかありませんが，聴覚障害者の場合は言語障害と重複している場合があり，その分手帳の等級も重くなります。

1）発達性構音障害

構音とは音を発するための器官であるあごや唇，歯，舌，口蓋，のどを適切に運動させて作り出された音のことで，調音，発音とほぼ同じ意味です。

その構音の障害は，以下の4種に分類されます。

(1)「サカナ」が「タカナ」になる……置き換え

(2)「サカナ」が「サ・ナ」になる……省略

(3)「サカナ」が「サンカナ」になる……つけ加え

(4)「サカナ」が「チャキャニャ」などのめちゃくちゃな音になる……歪み

2）吃音

吃音とは言葉を発する際に，同じ音を繰り返したり，口ごもったりする状態で，発音の状態により以下の2種に分類されます。

(1)「ガ，ガ，ガ，ガ，ガッコウ」……連発性吃音

(2)「・・・・・・・ガッコウ」……難発性吃音

吃音は3歳前後に出現することが多く，この幼児期の段階を一次性吃音と呼び，最初の語や音節の繰り返しが多くみられます。そして，移行性吃音（小学校2～3年生）を経て二次性吃音の状態になると，緊張し，話しながら手や足

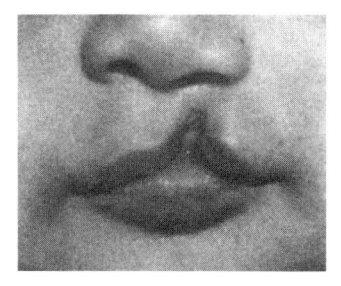

第3章　言語障害

上唇が上のほうに少し裂けている。 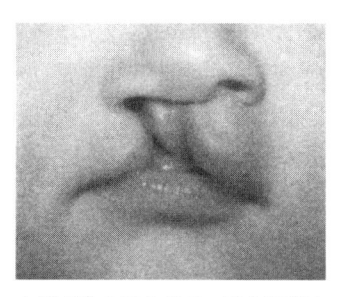　　上唇が鼻のほうまで，完全に裂けている（完全口唇裂）。鼻も変形している。

図3-1　口唇裂（写真提供：波利井清紀）

を動かしたり，目をパチパチさせたり，口をまげたりするような随伴運動をともなうことがあります。

　吃音の原因は不明ですが，出現率は100人に1人弱といわれており，女子に比べ男子に多いといわれています。吃音は成人すると自然に治る人が多く，歌うときや他の人といっしょに同じことを言う場合（斉読効果）には吃音症状が出ないことが多いため，心理的な要因が強いものと思われます。

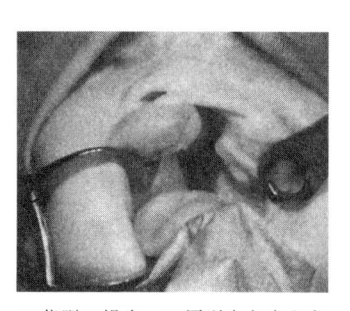

口蓋裂の場合，口唇裂もともなう場合が多い。上唇だけでなく，口の中の口蓋も裂けている。

図3-2　口唇口蓋裂
（写真提供：波利井清紀）

3）口唇裂・口蓋裂

　口唇裂とは，図3-1にみられるように上唇のみが裂けている状態で，口蓋裂とは，上顎の部分が裂けている状態をいいます。図3-2のように上顎も上唇も裂けている状態を口唇口蓋裂といいます。

　現在は医学が発達し，口唇裂・口蓋裂とも手術によって治療可能となっています。口唇裂の治療は生後3カ月，口蓋裂の治療は生後1歳〜1歳半くらいに行われます。

　手術により図3-3のように唇はきれいな形になっています。

治療前　　　　　　　　　治療後

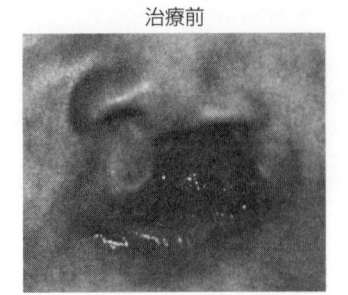

上唇だけでなく，口蓋も裂けている完全口唇口蓋裂。

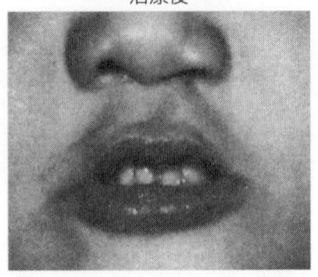

手術後2年経過した。手術の跡は目立たなくなり，唇もきれいな形になっている。鼻が少し曲がっているため，今後は鼻のゆがみを治す手術が必要となる。

図3-3　口唇口蓋裂の治療前と治療後（写真提供：波利井清紀）

　乳幼児期は主に産科や新生児科による哺乳などの指導が中心となりますが，言葉を覚え始める時期になると，口の中の空気が漏れたりするためきちんとした発音ができないことがあります。その場合，鼻声になったり構音障害を生じるので言語療法的なアプローチが必要となります。

4）その他の言語障害

　a　失語症　　交通事故や野球のデッドボール，脳血管障害や脳腫瘍などによって，脳になんらかの損傷が起こり，脳の高次のレベルの機能障害によって言葉を失ってしまう障害です。失語といっても全く言葉が出ない障害というだけではなく，言語の理解はできるが表出に障害があるブローカ（運動性）失語，しゃべることはできるけれど他人が何を言っているかわからないという理解言語の障害であるウェルニッケ（感覚性）失語もあります。

　b　脳性麻痺　　脳性麻痺の中にアテトーゼ型というタイプがあり（第4章参照），このタイプでは口を動かす機能が麻痺しているため，口を曲げこもったようなしゃべり方をします。また，緊張感が強いためよだれを出したり，吃音をともなうこともあります。

　c　（場面）緘黙　　選択性緘黙ともいい，全くしゃべらない全緘黙とは異な

り，家庭では兄弟姉妹とは大きな声を出してしゃべるのだけれど，学校では先生に対しても友達に対しても全くしゃべらないといった状態です。先生に叱られたり，友達にいじめられたりした精神的不安による防衛機制からくるものではないかといわれています。軽度の知的障害を重複している人が多いようです。

d　失声症　ストレスなどの原因によって声が出なくなってしまう心因性の失声症と，声門の腫瘍のため喉頭を摘出した結果声帯が振動できないために声が出ない器質性失声症があります。心因性のものは呼吸器官や構音器官の緊張によって生じ，ストレスなどからくる心理的負担がなくなれば治ります。

第3節　言語障害児の教育

　言語障害児の教育は図3-4に示されるように，聾や難聴，脳性麻痺，知的障害をともなう場合にはその程度に応じて聴覚特別支援学校やその他の特別支援学校，あるいは特別支援学級へ進みます。吃音などのように他の障害と重複していない場合は，普通学級，言語障害特別支援学級や通級学級による指導となります。言語障害の治療としては，Blowingと呼ばれる「吹く訓練」，CSS訓練と呼ばれるChewing（噛む），Sucking（吸う），Swallowing（飲み込む）などが行われます。この言語治療は障害によって異なり，脳性麻痺児には言語訓練と併行して機能訓練を行ったり，吃音児には心理療法を試みたりする場合があります。

①聾，難聴，脳性麻痺，知的障害などにともなう者	障害の性質・程度に応じて，聴覚特別支援学校，特別支援学校または難聴，肢体不自由・知的障害特別支援学級
②その他	言語障害特別支援学級または通級による指導もしくは通常の学級で留意して指導

図3-4　言語障害児の教育措置の基準（旧文部省，1995より作成）

また，言語障害だけ単独でもっている者は少なく，聴覚障害や脳性麻痺，脳血管障害，口蓋裂などの障害と重複している場合が多いのです。その場合はその主障害によって教育や福祉，医療の措置がとられます。失声症などはその症状が治療されたり，また社会生活上他の障害ほど顕著な問題が少ないため，その障害がゆえの特別な措置はとられていません。

　しかしながら，社会参加にともなう心理的負担は大きいため，まわりの人たちの理解が必要な障害でもあります。

第4節　言語障害児者の自立をめざして

1　心理的なケア

　場面緘黙や吃音，心因性の失声症などの人たちは言葉を発する機能に障害があるわけではなく，心理的なプレッシャーによる心の問題が原因なので，無理に言語訓練を行うと逆効果になります。

　よって，できるだけ自分の方から話をしやすいような環境を設定してあげることが重要になります。

　場面緘黙の場合はあえてしゃべらせようとせず，理解言語が獲得されていれば指示は通じるので，表出を別の形で指導することもひとつの方法です。

　吃音に関しては，しゃべろうという意識はあるわけなので，さりげない態度で接し，たとえ吃音がみられたとしても，聞き手はそれを無視して話を進めることも必要です。

　心因性失声症の場合は，前に述べたように心理的負担がなくなれば元に戻るため，その心理的負担が何かを見つけて，軽減していくことを心がけます。

2　言葉によらないコミュニケーション

　自閉症や失語症，脳性麻痺など脳の障害が原因である言語障害は，言語によるコミュニケーションにこだわることなく，本人がコミュニケーションをとりやすい方法で指導します。自閉症に関しては，第7章で詳しく述べますので，

脳性麻痺と失語症について説明します。

脳性麻痺で言語に障害があるタイプは、アテトーゼ型（第4章参照）が多く、彼らは知的に高い場合が多いので、パソコンなどを使って文章を書かせるととてもすばらしい文章表現をする人たちもいます。よって、代替の手段としてコンピュータによるコミュニケーションが考えられます。コンピュータといってもさまざまなものがあり、教室内でのコミュニケーションなら普通のパソコンでもいいのですが、外出先で急を要するときなどは、いちいちパソコンを打ち込む時間がないので、VOCA（Voice Output Communication Aids）といったメッセージを録音できるものなども使えるでしょう。

また、失語症者に対しては、失語症検査などでまずどのような状態なのかを適切に調べる必要があります。理解言語が困難で表出言語が可能なウェルニッケ型なのか、その逆のブローカ型なのかなどによって、コミュニケーション指導の方法も異なります。

次に、評価結果から指導目標を決めることになります。その際、失語症者への直接的な働きかけだけではなく、本人をとりまく家族や友人などの環境側の受容なども効を奏します。現在、失語症に関してはST（Speech Therapist：言語聴覚士；コラム2参照）といったリハビリテーション言語指導の専門家が対応していることが多いため、STの指導のもとで対応することが望まれます（表3-2参照）。

3　社会生活におけるハンディキャップの軽減

言語障害児者は、吃音や心因性失声症のような単独障害の場合は、職業的自立などを目標とする際、職場の同僚や上司の人に障害の状態を理解してもらえれば、他の障害ほどのハンディキャップは少ないものと考えられます。

しかしながら、緘黙児や発達性構音障害児などは、知的障害と重複していたり、失語症者や脳性麻痺児者は身体の麻痺をともなっていたりなど、重複している場合が多いので、その主障害に対するフォローのほうが自立に向けて大きなウエイトを占める場合があります。

表3-2　STによる失語症の治療ステップ（Rosenbek, J. ほか，1973）

ステップ1	口型に注目させ（視覚刺激），よく聞かせ（聴覚刺激）ながらSTと患者が同時に言う練習（斉唱）
ステップ2	STが正しいやり方を言って聞かせる。次に口型のみ見て言わせる。これは刺激のみでの反応を見る練習
ステップ3	口型のヒントなしで聴覚のみに頼って復唱する練習，「私の言うとおりに言ってください」
ステップ4	口型のヒントなしでSTは1回刺激を与える。患者は何回も続けて復唱する練習
ステップ5	書かれた刺激語を音読する練習
ステップ6	書かれた刺激語を読み，その後記憶に頼って言う練習
ステップ7	質問を設定し，必要な文を引き出す。自発語を引き出す練習
ステップ8	STスタッフ，友人の協力でロールプレイングの場を設定し，その場に適切な語（文）を引き出す練習

　よって，社会生活との相互作用の中で必要とされる具体的な課題を解決していくといった方策を考えるべきでしょう。

Column 2　STって何？

　言語療法とか言語治療と呼ばれるものが Speech Therapy であり，その治療者，療法士が Speech Therapist です。STという頭文字だけでは，双方の意味に使われます。言語療法というと，言葉を引き出すだけの治療法のようにみえますが，その治療内容はかなり広範囲にわたっています。

　たとえば，language（言葉）の段階でみると，失語症者や言語発達遅滞児が対象となるため，脳外科や精神科，リハビリテーション科など病院や特別支援学校，施設でSTが必要とされます。

　speech（話す）という段階でみると，麻痺のある障害や発声障害，脳性麻痺，口蓋裂，吃音，聴覚障害などが対象となるため，STは耳鼻科や小児科，口腔外科や形成外科，聴覚特別支援学校や言葉の教室などでも必要となる職種なのです。

　国家資格として認められるようになり，「言語聴覚士」という名称になりましたが，まだまだ絶対数は少なく，これからとても必要度の高い専門的仕事になるでしょう。

第4章 運動障害

第1節 はじめに

　1999（平成11）年に『五体不満足』という本がベストセラーになりましたが，この本の著者乙武洋匡さんは先天的に両手両足が欠損しています。このように，手や足の一部が欠損したり，麻痺によって自由に動かすことができない人たちのことを以前は肢体不自由児者と呼んでいました。

　肢体不自由児とは，今から70年ほど前に東京大学の整形外科教授であった高木憲次が提唱した言葉です。『障害児教育大事典』（旬報社）によると，肢体不自由とは「原因のいかんを問わず，四肢または体幹の支持・運動機能の障害を指す」となっています。ここでいう四肢とは両手両足のことを示し，体幹は脊柱（背骨）を中心とした上半身のことを意味します。この四肢と体幹に障害がある人のことを肢体不自由児者と呼んでいましたが，最近では行動そのものにおける障害ととらえた方がいいのではという考えもあり，運動障害児者と呼ばれることも多くなりました。本書では，その運動障害という名前を用いてすすめていきます。

第2節 運動障害とは

　運動障害にはさまざまな種類がありますが，その代表的なものは脳性麻痺と脊髄損傷および脳血管障害後遺症です。この中で脊髄損傷は交通事故やスポー

ツ事故で生じることが多く、先天的な障害としては少ないと考えられます。また、脳血管障害後遺症者は、交通事故や病気、スポーツ事故のほかに、主に高齢になってから生じることが多くなっています。厚生労働省の調査によると18歳未満の運動障害児の中では脳性麻痺児の占める割合はきわめて多く、学校教育の現場では運動障害児教育の中心は脳性麻痺児といえるでしょう。この数字が18歳以上の成人期になると、脳性麻痺者の占める割合は少なくなり、脳血管障害後遺症者が最も多く占め、ついで骨関節疾患、リウマチ性疾患、脊髄損傷となっており、この4つを合わせると、全体の約8割となります。以前はポリオと呼ばれる「脊髄性小児麻痺（poliomyelitis）」が数多く出現したこともありますが、最近ではポリオ生ワクチン接種により、この障害の人たちはほとんど出現しなくなりました。

この他に先天性股関節脱臼、先天性内反足、フォコメリア（サリドマイド児）、二分脊椎、水頭症、小頭症などの運動障害児者がいます。

1　脳性麻痺

1）原因

脳性麻痺（cerebral palsy）とは、脳の障害によって生じたさまざまの運動障害であり、運動調整や協応動作が不可能であったり、うまくできない障害です。未熟児で生まれたり、鉗子分娩や吸引分娩（序章参照）によって出産時の脳に障害が加わり、酸素が脳に運ばれなかったり、また重症黄疸などにより生じます。

2）脳性麻痺の種類

脳性麻痺は、一般的にその麻痺の質による分類と麻痺した部位による分類がなされます。部位による分類では、両手両足すべてに麻痺がみられる四肢麻痺、両手と片足あるいは両足と片手の3カ所に麻痺がみられる三肢麻痺、片方の手足だけに麻痺がみられる片麻痺、両手のみ麻痺がみられる両麻痺、そして両足のみ麻痺がみられる対麻痺があります。

また麻痺の質による分類では、以下に示すような型があります。

a　痙直型　　肢体がつっぱるのが特色で、自分で思うように動かせず他

図4-1 痙直性両麻痺型　　図4-2 痙直性四肢麻痺型　　図4-3 痙直性片麻痺型

人が動かそうと思っても抵抗があって動かしにくい状態となります。図4-1に示すように，両足が内側に交差し左右に開きにくく（内反状態），歩行はかかとが浮くため（尖足），跳ね上がるような歩き方をします。この痙直型（spasticity）は全脳性麻痺の約50％を占めています。図4-2は痙直性四肢麻痺，図4-3は痙直性片麻痺です。

　b　アテトーゼ型　　アテトーゼ（athetosis）とは「定位のないもの」という意味で，肢体がたえず揺れ動くのが特徴です。無理に止めようとするとかえって強い反発が起こったり，ひどくなったりします。アテトーゼ型はさらに，舞踏病アテトーゼ型，低緊張性アテトーゼ型，緊張性アテトーゼ（ジストニー）型，非緊張性アテトーゼ型，振戦型（トレモール）などに分類されます。このアテトーゼ型脳性麻痺は全体の約20％を占めるといわれています。図4-4，図4-5にアテトーゼ型脳性麻痺の状態を示します。

　c　強剛型　　関節全般に鉛管現象と呼ばれる運動抵抗があり，言語・動作が鈍くて遅いのが強剛型（rigidity）脳性麻痺です。強剛型は身体的成長が悪く，知的にも障害を重複している場合が多く，社会生活への適応が困難です。痙直型の一部として分類されることもあります。

　d　失調型　　失調型（ataxia）脳性麻痺は小脳ならびにその伝導路の障害に

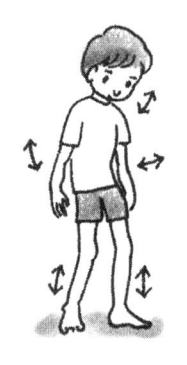

図4-4 低緊張性アテトーゼ型　　図4-5 緊張性アテトーゼ型　　図4-6 失調型（下肢をひろげて，大またの特有なパターンで歩く）

（矢印は不随意な体のふるえを示す）

よって起こるといわれており，図4-6に示されるように身体平衡バランスの障害が特徴で，筋緊張の低下や眼球振盪などが生じます。

3）脳性麻痺の特徴

　脳性麻痺児には身体の麻痺だけではなく，視覚障害や聴覚障害，言語障害，てんかん発作などを重複している場合が多く，アテトーゼ型以外の脳性麻痺児には知的障害を重複している人たちも多いようです。

　視覚障害を重複している脳性麻痺児は全体の約3割で，近視や弱視，斜視，眼球振盪などがみられます。脳性麻痺者の約15％は聴覚障害を重複しており，1,000Hz以上が聞こえなくなる高音域聴力損失がみられます。また言語障害を重複している者も多く，アテトーゼ型のようにのどや口蓋，声門部などの麻痺による構音障害がみられます。さらに，てんかん発作も脳性麻痺児の約3割にみられ，発作が頻発することにより運動障害が悪化する場合があります。

2　その他の運動障害児

1）先天性股関節脱臼

　文字通り生まれながらにして股関節が脱臼状態となったもので，女子に発生

率が高く，男子の4～5倍となっています。現在では，早期発見により立ち始める前に図4-7のようなリーメンビューゲルというベルトで数カ月間足を股関節に固定することによりほぼ完治します。

2) 先天性内反足

生まれたときから図4-8のように足首が内側に反っている状態ですが，先天性股関節脱臼と同様，適切な治療によりほぼ正常な状態にまで回復できます。

3) フォコメリア（サリドマイド児）

妊娠中の母親が服薬したサリドマイドといった鎮静剤が原因で，両上肢が欠損した状態で生まれてきた子どものことを一般にはサリドマイド児といい，専門用語ではフォコメリア（phocomelia）と呼びます。また，指などもなくなっている，より重度の場合はアメリア（amelia）といいます。

このサリドマイドという薬は最近では，HIVやガンの治療薬として再び脚光を浴びて使用されるようになってきました。しかし，ポルトガル語を母国語とするブラジルでは，この薬の使用説明書が英語で書かれているため，胎児に影響があるとわからないまま服薬する妊婦が生じており，再びサリドマイド児の出生が問題になってきています。

4) 二分脊椎

二分脊椎とは，母親のお腹の中でうまく脊椎が形成されず，脊髄神経が背中の部分に腫瘤となって突出した状態をいい，脊髄損傷と同じような麻痺を起こ

図4-7　先天性股関節脱臼（リーメンビューゲルと呼ばれるバンドによる治療）
（高橋純，1985より作成）

図4-8　先天性内反足（右足）

5）水頭症・小頭症

水頭症は，脳の中にある髄液が増加し，脳の内壁を圧迫し脳室が拡大した障害です。知的障害を重複することが多い障害です。逆に小頭症は，脳の形成不全で頭が小さくなり，知的障害を重複しています。

6）脊髄損傷

脊髄損傷は，一般的に交通事故やスポーツ事故，落下事故などの事故によって生じることが多いのですが，脊髄の腫瘍によっても生じます。損傷した部位により頸椎損傷（首の部分），胸椎損傷（胸の部分），腰椎損傷（腰の部分）に分かれ，損傷部位が首に近くなるにつれ麻痺の程度は重くなり，腰に近くなるにつれ麻痺の程度は軽くなります。現在の医学では麻痺の部位の回復は望めず，残存機能を活用することがリハビリテーションの中心になっています。すばらしく感動的な詩画集をたくさん出している星野富弘さんは，中学校の体育教師時代にマット運動で首の骨を折ってしまった頸椎損傷者で，肩から下はほとんど動きません。口に筆をくわえて絵や詩を書いています。

脊髄損傷者は麻痺した部位以下の箇所に感覚がないため，褥そう（主にお尻にできる一種の潰瘍）や尿路感染症などを引き起こすことがあり，下肢の麻痺だけではないさまざまな注意も必要となります。

7）脳血管障害後遺症

脳血管障害は脳内出血と脳梗塞に二分され，脳梗塞は脳血栓と脳栓塞（脳卒中）に分かれます。いずれも脳の中の血管が破れたり詰まったりして障害を生じたもので，後遺症として片麻痺や失語などを生じることがあります。できるだけ早期に処置しリハビリを行うことにより症状は改善します。

第3節　運動障害児の教育

1　学校教育

他の障害同様，運動障害児もその障害の程度により肢体不自由特別支援学校，

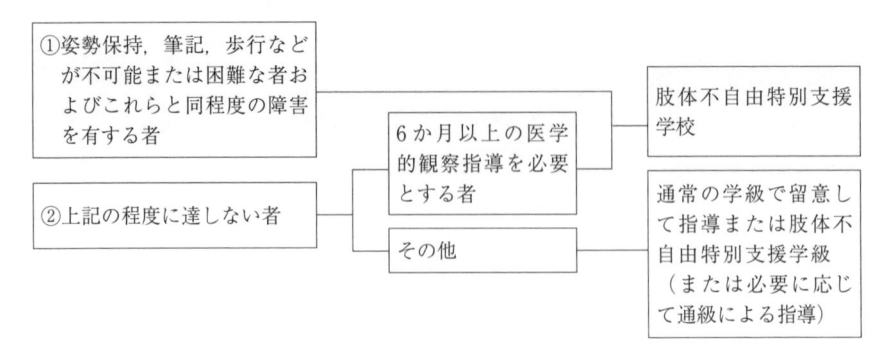

```
①姿勢保持，筆記，歩行など    ┌─────────────┐   ┌─────────────┐
 が不可能または困難な者お  →│6か月以上の医学 │→ │肢体不自由特別支援│
 よびこれらと同程度の障害   │的観察指導を必要 │   │学校        │
 を有する者           │とする者     │   └─────────────┘
                    ├─────────────┤   ┌─────────────┐
②上記の程度に達しない者   →│その他      │→ │通常の学級で留意し│
                    └─────────────┘   │て指導または肢体不│
                                        │自由特別支援学級 │
                                        │（または必要に応じ│
                                        │て通級による指導）│
                                        └─────────────┘
```

図4-9　運動障害児の教育措置の基準（旧文部省，1995より作成）

特別支援学級や普通学級に分かれます。一般的に肢体不自由特別支援学校の場合は姿勢保持，筆記，歩行などが不可能または困難な者などが対象となっています。

しかし，学校教育の基本は教科学習と考えると知的に顕著な遅れがなく，介助の必要性が少なければ普通学級で指導される場合が多いようです。『五体不満足』の乙武さんも小学校からずっと普通学級で学びました。

しかし，知的障害を重複したり，常に介護が必要な場合はその人に応じた教育がなされるべきでしょう。これは，必ずしも特別支援学校での教育を意味するものではなく，普通学校，普通学級においても，本人のニーズや保護者の意思に応じて対応すべき問題だと思われます。

2　機能訓練

脳性麻痺児を中心とする運動障害児には学校の学習のほかに機能回復訓練が必要になります。その代表的な療法にボイタ法，ボバーズ法などがあります。

ボイタ法はドイツの小児科医ボイタが創始した治療法で，早期に治療を開始し，姿勢の調整機構と体を支える持ち上げ機構，それらにともなう相動運動などを含む運動が主となっています。ボバーズ法は，ボイタ法同様早期からの訓練に効果があるといわれ，異常反射をおさえ，よりよい反射活動を伸ばす治療です。

第4節　運動障害児者の自立をめざして

　全国特別支援学校長会の調査では，肢体等特別支援学校卒業生の多くが福祉施設等へ進んでおり，就職者はわずかとなっています。その職種は製造業が最も多く，ついでサービス業と小売業が続いています。この3職種で全体の9割弱を占めています。

　この調査では，過去5年間に開拓した新しい職場として，学校事務，ガソリンスタンド事務，地図の情報処理，社会福祉協議会，旅館，レストラン，銀行，スーパー，町役場（公園管理），老人ホーム，図書館，商社，ゴルフ場，総合レジャーなどがあります。さらに今後開拓したい新しい職場としては，福祉センター，老人ホーム，スーパーマーケット，ファーストフード，病院，農協，通信販売，遊園地・動物園，ゴルフ場，ホテル，パソコンビジネスなどの情報産業などがあり，時代の変化とともに職種も変化していることがうかがえます。

　しかしながら，学校内で行っている作業学習における作業種目をみてみると，相変わらず「木工」「陶芸」「農・園芸」「縫製」「牛乳パックによる紙工」「革細工」「染色」などとなっており，めざす職種と実際に学校で行われている指導内容にかなりのギャップが生じています。

　製造業の職場でもパソコンを利用した仕事が多くなっているということを考えあわせても，現在の肢体等特別支援学校における作業種目の再検討が望まれます。

　さらに，作業学習以外で充実させたい進路指導としては，運動障害児特有の「健康・体力」「身辺処理の力」以外に「対人関係」「自己理解」「働く意欲」などの心理的な課題，そして「福祉事務所等の利用の仕方」「交通機関の利用の仕方」「小遣いの使い方」などの社会的スキルの重要性も示されています。

　この社会的スキルの向上のためには，学校内でシミュレーションを行うだけではなく，実際の場で行う必要があり，学内教育から社会を利用した社会参加教育へ移行しつつある動きはとても望ましいものです。

実際の社会で必要とされているスキルの習得を考慮に入れ，また運動障害児者個々の能力やニーズ，環境に応じた職業指導がなされるべき時代がやってきたのではないでしょうか。

Column 3　バリアフリー

　最近，住宅案内などによく「バリアフリー」という言葉が出てきますが，このバリアフリーとはどういう意味でしょうか。
　一般的に，障害者や高齢者等の行動の妨げとなる物理的障壁を取り除くという意味で使われています。たとえば，日本の家の玄関では敷居があったり，段差があったりするので車椅子でも移動が困難になります。よって，車椅子でもスムーズに入っていける玄関，お風呂やトイレもそうですし，階段を上がる際の手すりなどもバリアフリー・デザイン（最近ではユニバーサル・デザイン）建築ですね。
　意外と気づかないのがキッチンです。キッチンや洗面所は車椅子で使おうとすると，座っている足がつっかえてしまい，蛇口に手が届かないのです。よって，流し台や洗面台の下がへこんでいるようなものもバリアフリー建築では考えられています。
　しかし，このバリアフリーも最近では建築関係といった物理的なものだけではなく，障害のある人が社会参加をするためには健常者側の心のバリアフリーが叫ばれるようになってきました。すなわち，障害のある人たちが何に困難さをもっているかを健常の人たちが理解してあげることが必要なのです。
　障害とは最初からあるものではなく，人が作るものなのです。

第5章 知的障害

第1節　はじめに

　障害児という言葉を聞くと，その代表として知的障害児をイメージされる方も多いのではないかと思います。以前は精神薄弱という言葉が使われていました。しかし，「薄弱」という言葉は「頼りないこと，しっかりしていないこと」を意味し，知的能力ばかりでなく感情や感性などまで劣っているようにとらえられてしまうことから，だんだん使われなくなってきました。放浪画家として有名な山下清さんは，知的な障害がありながらすばらしい絵を描きました。このように，知的障害があっても精神機能全般が薄弱ということではないため，精神薄弱という用語は適さないと判断されたのでしょう。

　精神薄弱といった言葉以外にも知恵遅れ，精神（発達）遅滞，知能障害などの呼び方がありますが，本章では知的障害という用語で解説を進めていきます。

第2節　知的障害とは

1　知的障害の定義

　知的障害の定義で最も有名なもののひとつにアメリカ精神医学会の精神疾患の診断統計マニュアル，いわゆるDSMというものがあり，現在ではその第4版DSM-Ⅳが出されています。DSM-Ⅳでは，精神遅滞という言葉が使われており，その診断基準は表5-1に示されるようになっています。

表5-1 DSM-Ⅳにおける精神遅滞の診断基準（APA, 1994 より一部修正）

A. 明らかに平均以下の知的機能：個別試行による知的検査で，およそ 70 またはそれ以下の IQ（幼児においては，明らかに平均以下の知的機能であるという臨床的判断による）。
B. 同時に，現在の適応機能（すなわち，その文化圏でその年齢に対して期待される基準に適合する有能さ）の欠陥または不全が，以下のうち2つ以上の領域で存在：意志伝達，自己管理，家庭生活，社会的/対人的技能，地域社会資源の利用，自律性，発揮される学習能力，仕事，余暇，健康，安全。
C. 発症は 18 歳未満である。

・知的機能障害の水準を反映する重症度に基づいてコード番号をつけること
317　　軽度精神遅滞　　IQ レベル　50-55 からおよそ 70
318.0　中等度精神遅滞　IQ レベル　35-40 から 50-55
318.1　重度精神遅滞　　IQ レベル　20-25 から 35-40
318.2　最重度精神遅滞　IQ レベル　20-25 以下
319　　精神遅滞，重症度は特定不能　精神遅滞が強く疑われるが，その人の知能が標準的検査では測定不能の場合

　文部科学省の定義では以下のようになっています。
　「知的障害児とは，先天性または出産時ないしは出生後早期に，脳髄になんらかの障害（脳細胞の器質的疾患か機能不全）を受けているため知能が未発達の状態にとどまり，そのため精神活動が劣弱で，社会への適応が著しく困難な状態を示している者」
　そして，知能検査による IQ（知能指数）値と社会生活能力などを考慮して重度であるか否かが決定されます。
　つまり，DSM-Ⅳにしても文部科学省の定義にしても，基本的に IQ 値と社会適応能力によって知的障害であるかどうかが決められるわけです。
　その IQ による知的障害児者の出現率は，図 5-1 のように示されています。
　図 5-1 は IQ 分布を示しています。IQ というのは統計的基準に従う数値です。100 を平均とし，1 標準偏差プラスマイナスの範囲に約 7 割の人が存在し，2 標準偏差プラスマイナスに約 9 割 5 分の人が存在するという統計的確率によって決められたものです。
　知的障害児者も IQ 値によって，軽度から最重度までに分類されています。

第 5 章 知的障害

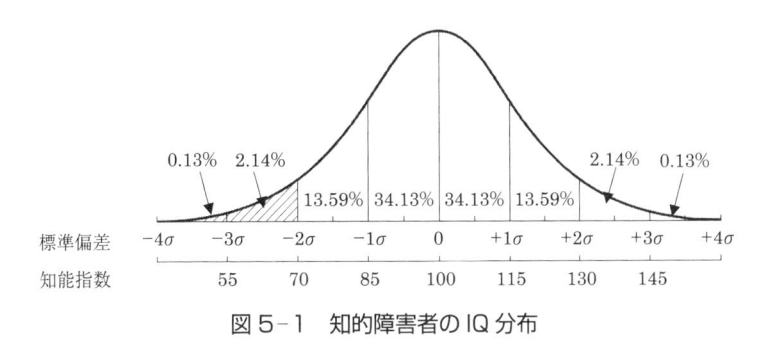

```
           0.13%  2.14%                              2.14%  0.13%
                        13.59% 34.13% 34.13% 13.59%
標準偏差  -4σ   -3σ   -2σ   -1σ    0    +1σ   +2σ   +3σ   +4σ
知能指数        55    70    85   100   115   130   145
```

図 5-1　知的障害者の IQ 分布

1）軽度知的障害─教育可能レベル

軽度の知的障害について，アメリカでは「教育可能レベル」といった分類がなされており，このレベルの知的障害であれば特別支援学級において指導できるものとされています。IQ でいうとおおむね 50，55〜70 のレベルです。

大人になっても知的水準が小学校の高学年レベルにしか達せず，基本的なことはひと通りできますが，「平和」とか「経済」などといった抽象的な言葉の意味がなかなか理解できないようです。

2）中度知的障害─訓練可能

中度の人たちは IQ にして 20，25〜50，55 くらいの人たちで，この段階の人は成人しても小学校低学年の知的レベルにしか達せず，言葉によるコミュニケーションは可能ですが，たとえば縦長のコップに入れたジュースの量と横深の器に入れたジュースの量が同じでも，縦長のほうが多く入っていると思ってしまう場合があります。

3）重度知的障害─要保護

この段階の人たちは IQ にして 20，25 以下のレベルで言葉によるコミュニケーションはほとんど不可能です。成人しても知的水準が 3 歳レベルに達することができません。

この 3 分類はアメリカの心理学者カークによるもので，DSM-IV とはやや分類の仕方が異なっています。出現率は要保護 0.1％，訓練可能 0.4％，教育可能 2.5％で全体で 3％となっています。

2　知的障害の原因

　知的障害の原因は風疹や脳炎などの感染によるもの，核黄疸などの中毒によるもの，放射線障害や仮死分娩などの外傷または物理的作用によるもの，フェニールケトン尿症，クレチン症などの代謝，成長，または栄養の障害によるもの，家族性によるものなどさまざまですが，最も多いのは染色体異常によるもので，その代表がダウン症（ダウン症候群）です。

1）ダウン症

　ダウン症とは染色体異常のひとつでイギリスの医師ダウンの論文から名づけられました。蒙古症，モンゴリズムとも呼ばれてきました。正常な場合，染色体は46本ですが，ダウン症児では21番目の染色体が1本多く，合計で47本になっています。21番目の染色体が多いので21トリソミーといわれ，この型が全ダウン症の95％を占め，最も多いのですが，そのほかに21番目の染色体が他の染色体にくっついた転座型と呼ばれるものや染色体の数が混在しているモザイク型という種類もあります。

　ダウン症の人たちは，小柄で，やや目がつり上がっており，鼻が低く，厚い舌といった特徴の容貌をしています。性格は人なつっこく陽気で，音楽や踊りが大好きといった特徴があり，ある程度は社会性が保たれます。しかし，視覚障害や難聴，心臓障害などをともなうことがあります。一般に700〜1,000人に1人の出現率で，母親が高齢になるに従い出生率が増えるといわれています。

2）その他の知的障害

　a　フェニールケトン尿症　　先天性の代謝異常障害にフェニールケトン尿症という障害があります。このフェニールケトン尿症では，体内にあるフェニールアラニンという物質を分解することが困難なため，脳に蓄積し知的障害が生じます。しかし，新生児期に低フェニールアラニン食を投与することにより，この障害は治癒されることになりました。

　b　クレチン病　　代謝異常障害には，クレチン病というものもあり，甲状腺が完全になかったり，部分的に欠損があったりし，知的障害のほかに身体的にも障害がみられます。

第5章　知的障害

c　水頭症　　脳の中にある髄液が増加し，脳室が拡大するため，放っておくと死に至ります。それを予防するために，シャントという管をお腹にある腹腔などに通し，脳の髄液を流すことによって脳の中の圧迫を解除しますが，知的障害は残ります。

d　家族性知的障害　　家族性の知的障害は，IQが50～70の範囲の軽度知的障害が多く，また家族の誰かに知的障害のある人がいる場合があります。

第3節　知的障害児の教育

知的障害児の教育は主に知的特別支援学校と特別支援学級で行われます。一般に図5-2にみられるように，中・重度であれば知的特別支援学校，軽度であれば特別支援学級となっています。

知的障害児教育では，基本的に普通学級に在籍する子どもよりも何学年か下のレベルの内容を指導することになります。そういった教科教育以外に自立活動などによって，その子どもに必要なスキルを身につけるような指導がなされています。

小学校では，健康で安全な日々が過ごせる身体づくり，基礎的な生活習慣の確立，社会生活上必要なコミュニケーション能力の獲得などに重点がおかれ，中学校になると対人関係や集団参加などの社会性，将来の職業生活に必要な知識の獲得などが目標となります。

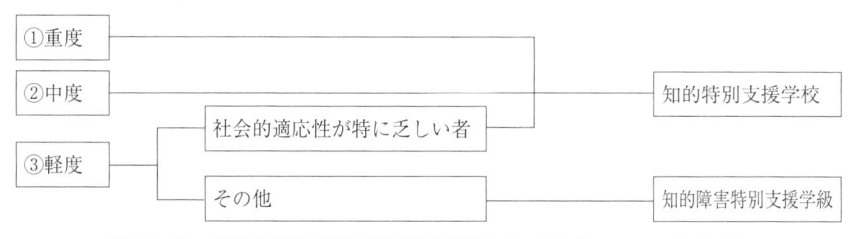

図5-2　知的障害児の教育措置の基準（旧文部省，1995より作成）

第4節　知的障害児者の自立をめざして

1　知的障害者の進路状況

知的障害児の場合，義務教育課程を終えると，そのほとんどが特別支援学校の高等部へ進学します。高等部卒業段階の就職率は約3割となっていますが，表5-2に示すように，毎年就職率は下がってきています。

就職をめざす特別支援学校として創設された高等特別支援学校でも，就職率100％は難しい現状です。

このように厳しい進路の状況を考えると，特別支援学校在学中における教育と卒業後の就職までに至る間の移行（transition）について検討しなければならないようです。

2　移行機関としての施設の役割

知的特別支援学校を卒業後，3割しか就職できないとすると，残り7割のほとんどが福祉施設へ進みます。施設の中心は入所および通所の授産施設，入所および通所の更生施設，福祉作業所などです（序章ならびにⅡ部参照）が，通

表5-2　知的特別支援学校の進路状況

全体	
1994年	34.7%
1995年	33.4%
1996年	34.4%
1997年	32.0%
1998年	30.8%
高等特別支援学校	
1994年	71.7%
1995年	63.2%
1996年	64.9%
1997年	57.0%
1998年	56.5%

図5-3　春ヶ丘学園における紙函科の作業

過施設としてではなく、一生涯そこで過ごす人が数多くいるのが現状です。その理由は、知的障害のレベルが重度化しているというのもひとつだと思われますが、施設内における指導内容に進展がみられないのも原因と思われます。

そんななか、就労を目標として作業や指導内容に工夫を重ねている施設もあります。福岡県北九州市にある春ヶ丘学園は、知的障害者の通所更生施設ですが、図5-3にみられるように、職業訓練的指導を取り入れ、卒園生のほとんどが就職できるように指導しています。

学科としては、紙函科、木工科、陶芸科、工芸科、セメント加工科などをおいて、職業的自立をめざしています。

また、最近では施設に在籍しながら週何日か外で仕事をすることを認める施設も増えてきました。このように、健常者と全く同じような一般就労をめざすことが困難であっても、知的障害者ひとりひとりの能力やニーズに応じた就労形態を考えることにより、社会に一歩踏み出すことが可能となります。

Column 4

マクドナルド

知的障害のある人を世界で一番雇用している企業は「マクドナルド」です。私たちにとっては毎度おなじみのマクドナルドですが、アメリカでは、CMにダウン症児が出演しています。日本では、食料品のCMに障害児が出演するなんて考えられませんね。

また、このマクドナルドでは、知的に障害がある人たちでも仕事を覚えやすいように、"Be Well Dressed"（目で見る作り方）といった目で見てわかりやすい作業モデルを制作しており、さらに知的障害者を雇用するにあたっての注意などがマネージャーに示されています。

働く知的障害者を変えようとするのではなく、どのようにすれば知的障害者が働きやすいかを考えている企業なんですね。

第6章 病弱

第1節 はじめに

　HIVや白血病，小児ガンなど，未だ現代の医学では治らない病気がたくさんあります。このような病気をもっている子どもたちは常に医療機関とかかわる必要があり，一般の学校に通学することは困難です。このような障害の中には青年期以降まで生き延びることが難しい障害もあります。それだけに学校在学中の教育というものがとても大きな意味をなすことになります。

　また，青年期以降の自立を考えた際，生命の問題のほかにもいくつかの問題があります。ひとつは心臓病や腎臓病など病弱特別支援学校に在籍している子どもは成人した後にも内部障害として認めてもらえますが，この内部障害と病弱は必ずしも一致する概念ではありません。病弱特別支援学校高等部に在籍する児童生徒の病気には，進行性筋ジストロフィー症，心身症・神経症，腎炎・ネフローゼ，喘息，脳性麻痺などが多いのに対し，内部障害として認められている障害は，表6-1に示されるように，心臓機能障害，腎臓機能障害，呼吸器機能障害，膀胱・直腸機能障害，小腸機能障害などです。病弱のうち白血病や進行性筋ジストロフィー症などいくつかの病気は障害として認められていないのです。

　さらに，学校在学中に医療とのつながりが必須であったのと同様，卒業後も医療と縁が切れるというわけではなく，継続的な医療的ケアが必要になります。

表6-1 内部障害の手帳等級（身体障害者福祉法施行規則別表第5号）

	心臓	腎臓	呼吸器	膀胱・直腸	小腸
1級	心臓の機能の障害により自己の身辺の日常生活活動が極度に制限されるもの	腎臓の機能の障害により自己の身辺の日常生活活動が極度に制限されるもの	呼吸器の機能の障害により自己の身辺の日常生活活動が極度に制限されるもの	膀胱又は直腸の機能の障害により自己の身辺の日常生活活動が極度に制限されるもの	小腸の機能の障害により自己の身辺の日常生活活動が極度に制限されるもの
2級	なし	なし	なし	なし	なし
3級	心臓の機能の障害により家庭内での日常生活活動が著しく制限されるもの	腎臓の機能の障害により家庭内での日常生活活動が著しく制限されるもの	呼吸器の機能の障害により家庭内での日常生活活動が著しく制限されるもの	膀胱又は直腸の機能の障害により家庭内での日常生活活動が著しく制限されるもの	小腸の機能の障害により家庭内での日常生活活動が著しく制限されるもの
4級	心臓の機能の障害により社会での日常生活活動が著しく制限されるもの	腎臓の機能の障害により社会での日常生活活動が著しく制限されるもの	呼吸器の機能の障害により社会での日常生活活動が著しく制限されるもの	膀胱又は直腸の機能の障害により社会での日常生活活動が著しく制限されるもの	小腸の機能の障害により社会での日常生活活動が著しく制限されるもの
5・6級	なし	なし	なし	なし	なし

(注)その他に，ヒト免疫不全ウイルスによる免疫機能障害の級別も定められている。

第2節　病弱とは

　病弱教育の対象となるのは，文部科学省によれば「慢性疾患または身体虚弱があり，療養生活または生活規制が長期にわたり，一般教育課程をそのまま実施したのでは本人のためにならないもの」となっています。

　病弱とは慢性的な疾病状態を呈している者であり，具体的にいうと気管支疾患，心臓疾患，腎臓疾患等の状態が6カ月以上続き，その間医療あるいは生活規制が必要となるものです。

1 小児気管支喘息

　室内にあるほこりやゴミ，花粉等を吸い込むことによるアレルギーや，卵や牛乳等を食べたり飲んだりする際のアレルギーなどによって2～3歳頃から生じる気管支内の粘膜の炎症によって，呼吸が困難となる障害です。呼吸をするたびに喘鳴（ぜんめい）と呼ばれる「ヒューヒュー」という音が出ます。よって，まわりの気温や気象，または食生活，疲労などに注意が必要となります。当時の環境庁が1997（平成9）年度に7万9,000人の3歳児を対象として行った調査では，喘息になった幼児の率が全体の3.41％にのぼり，前年度の2倍近くに増えていました。その原因は詳しくはわかっていませんが，空気中に二酸化炭素や粒子状物質が多くなると喘息になる率も高くなることがわかっており，環境の影響が強いものと考えられます。

2 心臓疾患

　心臓疾患では先天性として心臓の内部に穴が開いている心室中隔欠損症，後天的なものではリウマチ熱から生じる心臓弁膜症などがあります。また，不整脈を起こす人はペースメーカを手術で胸の皮膚の下に埋め込むことができます。ペースメーカによって，健康な人たちと同じような生活ができます。近年携帯電話の普及により，それらの電話から発せられる電波がペースメーカに異常を来すという問題も報告されています。

3 腎臓病

　腎臓は身体の中に2つあって，一般にそら豆の形をしているといわれています。腎臓は主に尿によって体の中の不純物を体外に排泄する役目を果たしており，この機能が働かなくなると，有害な物質が体の中に貯蔵され，息苦しくなったり，むくみが出てきたりします。この腎臓の機能が正常なときの3割程度に低下した状態を腎不全といい，1割程度になってしまうと尿毒症となり，腎臓移植か血液透析治療を行わないと死んでしまいます。この人工血液透析を行っている人は全国で11万人以上もおり，1回の治療時間は4～6時間，週に3

回という人が9割以上となっています。現在はCAPDという在宅で実施できる腹膜透析や夜間透析が増加してきたため，昼間の時間を拘束されることが少なくなってきています。

4 進行性筋ジストロフィー症

身体の筋肉が変性していく障害が進行性筋ジストロフィー症（PMD：Progressive Muscular Dystrophy）です。そのなかの85％を占めるデュシャンヌ型では腰のまわりの筋肉の変性から始まり，下肢・上肢へと進行するため2,3歳頃から転びやすいといった症状がみられ，8～10歳で歩行困難となり，12～25歳で呼吸器感染症や心不全などで死亡します。遺伝性ですが，女子に発症することは少なく男子に多くみられます。

このほかに，肢帯型と呼ばれる肩まわりの筋肉から腰まわりの筋肉へ進行する筋ジストロフィーで，10～20歳で発症し，発症後20年ぐらいで歩行困難となるものと，顔面肩甲上腕型と呼ばれる顔面・肩の筋肉から侵され，腰の筋肉の変性は少ないタイプがありますが，これらはデュシャンヌ型とは異なり，死に至ることはありません。

5 その他の病弱

白血病，小児ガン，ヒ素ミルクなどの薬物による障害，重度重複脳性麻痺，糖尿病，結核，血友病，肥満，心身症などの障害が存在します。

第3節 病弱児の教育

病弱児の教育的措置は図6-1のようになっており，他の障害と異なり教育措置に医療とか生活規制といった基準が含まれています。生活規制とは，病気を克服するため，医療効果をあげるような食事や運動など日常生活習慣における規制のことをいいます。つまり，教育本来の目標のほかに健康回復という目標ももっているわけです。

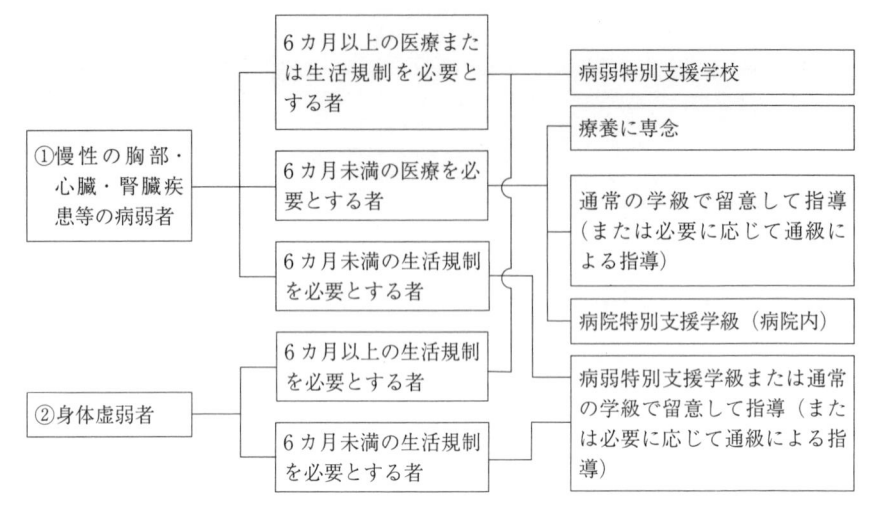

```
①慢性の胸部・   ┌─ 6カ月以上の医療また ──── 病弱特別支援学校
 心臓・腎臓疾 ──┤  は生活規制を必要と
 患等の病弱者    │  する者          ──── 療養に専念
                │
                ├─ 6カ月未満の医療を必 ──── 通常の学級で留意して指導
                │  要とする者            （または必要に応じて通級に
                │                        よる指導）
                └─ 6カ月未満の生活規制
                   を必要とする者    ──── 病院特別支援学級（病院内）

②身体虚弱者 ──┬─ 6カ月以上の生活規制 ──── 病弱特別支援学級または通常
               │  を必要とする者          の学級で留意して指導（また
               │                          は必要に応じて通級による指
               └─ 6カ月未満の生活規制     導）
                  を必要とする者
```

図6-1　病弱児の教育措置の基準（旧文部省，1995より作成）

よって運動障害児同様，自立活動の占めるウエイトが高くなります。自立活動とは，序章でも述べたように国語や算数などの教科教育，道徳教育，体育祭・文化祭・修学旅行などの特別活動と並んで，あるいはその基礎として障害の特性に応じてなされる治療教育，あるいは訓練のことです。たとえば，視覚特別支援学校では点字や歩行訓練，聴覚特別支援学校では聴能訓練や手話などがそれにあたります。自立活動の内容は「1. 身体の健康」「2. 心理的適応」「3. 環境の認知」「4. 運動・動作」「5. 意思の伝達」からなっています。病弱児では，とりわけ「1. 身体の健康」に関することが大切になります。

第4節　病弱児者の自立をめざして

1　第一の目的

病弱児に対する自立をめざした教育では，その第一目標を職業的自立にするには困難な問題をかかえています。全国特殊学校長会の調査によると，病弱児の就職はきわめて少なく，また就職しても1年以内に約4分の1が転職してい

るとのことでした。その障害がゆえに学校を卒業しても継続的に入院しなければならなかったり，入院まではいかなくても定期的に通院や生活規制が必要となるなどの課題のほかに，就労意欲や社会性に欠け，忍耐力・根気・持続力などにも劣ることが問題となっています。よって，病気による身体機能障害の進行を防止すること，および生活そのものを充実させることが第一の目的となります。

2 職業教育

　病弱児の第一の目的は健康な生活を営むことですが，そのようななか就労に意欲のある者に対しては，いくつかの試みがなされています。

　病弱特別支援学校では，他の特別支援学校に比べ，高等部の設置率が少ない状況ですが，就職をめざす生徒にはパソコン，英語，商業簿記，自動車免許などを取得させようとしているところもあります。しかしながら，現実の就労を考えると，本人だけの努力では解決できない問題が多く，就職した事業所で配慮してもらいたいこととして，次のようなものがあげられています。

(1) 病気への理解，精神面への配慮。
(2) 腎臓疾患の人工透析などのための通院。
(3) 力不足に応じた勤務内容，フレックスタイム制の導入や短時間就労。
(4) 場環境の整備，特に病気の種類に応じた配慮，たとえば，車椅子使用者にはトイレ，スロープなど。喘息をもつ人にはほこり，煙，喫煙をなくす。

　さらには，在宅就労などの方法も考えていくべきだと思われます。このように，本人の能力や希望に応じてできる範囲で働くことを促進していくのも自立の一歩だと考えられます。

Column 5 子どもに対する必死なまでの親の思い
――ロレンツォのオイル

　アドレノロイコ筋萎縮症という難病にかかった息子ロレンツォに対し，必死でその治療法を探して取り組む両親の実話が映画化されたものが，『ロレンツォのオイル』です。

　この病気は，脳と脊髄の神経の間にあるミエリン（白質）という絶縁体が徐々になくなっていくもので，これがなくなると多発性硬化症となり，筋肉が萎縮し最後には死んでしまいます。

　この病気の診断結果を告げられた両親は専門的なことがわからないため，図書館でその病気のことを調べます。そして，探りあてた病名の内容を知ったときの父親の驚き，悲しみ，落胆はとても言葉に言い表せないようなものでした。

　それから，この両親はなんとかかわいい息子を助けたくて，夜も寝ずに医者や学者以上の勉強をし始め，そしてとうとうミエリンを成長させるオイルを発見するのです。

　親の子どもに対する必死の思いが強烈に伝わってくるとても感動的な映画です。白血病による兄弟愛を示した『ジョーイ』と並んで，病弱児を扱った映画としては傑出したものと思います。

第7章 自閉症

第1節 はじめに

自閉症に関する説明を行う前に,まず以下のテストをやってみてください。

【自閉症に対する認識度テスト】

以下の問題は自閉症という障害に対するあなたの認識度をテストするものです。該当すると思われる箇所に○を,該当しないと思われる箇所に×を( )内にお書き下さい。

(1) ほとんど人としゃべらず,特定の人とだけしゃべる ( )
(2) ときおり,かんしゃくを起こすことがある ( )
(3) ぶつぶつと独り言を言うことが多い ( )
(4) 物事にこだわりが多く,仕事の内容が変わったり残業をするのを嫌がる ( )
(5) いつも人と接触せずに,ひとりでいるのが好きである ( )
(6) 片隅で落ち込んでいる ( )
(7) 特定のことに記憶力がいい ( )
(8) 情緒障害であるので,愛情をもった接し方によって治る ( )
(9) 登校拒否,出社拒否をしやすい ( )
(10) 身体を前後に揺すったり,奇妙な声を出すことがある ( )
(11) 多くの自閉症児は知的障害を重複している ( )
(12) 精神障害の一種である ( )

⒀　人のことが気になる　（　）

⒁　母子関係の問題から生じる　（　）

さあ，どうでしたか。

正解は後ほど述べることにして，まず自閉症の定義から説明を始めます。

第2節　自閉症とは

1　自閉症の定義

　自閉症の定義として最も用いられているのはアメリカ精神医学会の精神疾患の診断統計マニュアルで，一般にDSM-Ⅳと呼ばれています。DSM-Ⅳ（1994）では，広汎性発達障害（Pervasive Developmental Disorders）という大分類の中に，レット障害，小児期崩壊性障害，アスペルガー障害，特定不能の広汎性発達障害と並んで自閉症障害（Autistic Disorder）という名前で記されています。表7-1にその内容を示します。

　また，国連の専門機関のひとつであるWHO（世界保健機関）が疾病や関連する保健問題について国際疾病分類（ICD-10, 1989）を示していますが，これにおいても，広汎性発達障害に自閉症の関連障害が明記されており，小児自閉症は以下のように定義されています。

　「3歳以前に現れる発達の異常又は障害の存在であり，相互的対人関係，コミュニケーション，限定された常同的な反復行動という3つの精神病理学上の領域のすべてにおける特徴的な機能の異常の存在である。このような特異的な診断特徴に加えて，恐怖症，睡眠と摂食の障害，かんしゃく発作，攻撃性といった，他の特異的な問題を呈することがしばしばである」

　DSM-Ⅳ，ICD-10双方とも，①社会的相互交渉の異常，②コミュニケーションの異常，③常同行動が主要な3要素となっています。

2　自閉症の特徴

　自閉症という障害を1943年に世界で最初に発表したアメリカの児童精神科

第7章 自閉症

表7-1 DSM-Ⅳにおける自閉症障害（APA, 1994）

A. 以下の(1), (2), (3)から合計6つ（またはそれ以上），うち少なくとも(1)から2つ，(2)と(3)から1つずつの項目を含む
  (1) 対人的相互反応における質的な障害で以下の少なくとも2つによって明らかになる
    (a) 目と目で見つめ合う，顔の表情，体の姿勢，身振りなど，対人的相互反応を調節する多彩な非言語性行動の使用の著明な障害
    (b) 発達の水準に相応した仲間関係をつくることの失敗
    (c) 楽しみ，興味，成し遂げたものを他人と共有することを自発的に求めることの欠如
    (d) 対人的または情緒的相互性の欠如
  (2) 以下のうち少なくとも1つによって示される意志伝達の質的な障害
    (a) 話し言葉の発達の遅れまたは完全な欠如
    (b) 十分会話のある者では，他人と会話を開始し継続する能力の著明な障害
    (c) 常同的で反復的な言語の使用または独特な言語
    (d) 発達水準に相応した，変化に富んだ自発的なごっこ遊びや社会性を持った物まね遊びの欠如
  (3) 行動，興味および活動の限定された反復的で常同的な様式で，以下の少なくとも1つによって明らかになる
    (a) 強度または対象において異常なほど，常同的で限定された型の，1つまたはいくつかの興味だけに熱中すること
    (b) 特定の，機能的でない習慣や儀式にかたくなにこだわるのが明らかである
    (c) 常同的で反復的な衒奇的運動
    (d) 物体の一部に持続的に熱中する
B. 3歳以前に始まる，以下の領域の少なくとも1つにおける機能の遅れまたは異常
  (1)対人的相互作用，(2)対人的意志伝達に用いられる言語，または(3)象徴的または想像的遊び
C. この障害はレット障害または小児期崩壊性障害ではうまく説明されない

医のカナーは，自閉症児の知能について，言葉をたくさんもっている子どもがいたり，非常に優れた記憶能力を所持している子どもがいたため，最初は高い知的能力をもっているものと考えていました。しかしながら，その後イギリスのラターらが1967年にロンドンのモーズレイ病院で臨床的に携わっている63人の自閉症児の調査を行った結果，IQ50以下が40％，IQ50～70が30％と約7割の子どもたちに知的障害があり，残りの30％を調べても，平均的IQの範囲内にあったのは，そのさらに半分だけだったそうです。また，アメリカのノースカロライナでもショプラーらが1982年に475人の自閉症児集団を調査

したところ，IQ70以上の自閉症児はわずか16％のみで，IQ80以上となるとわずか7％しか存在しなかったと報告されています。

　しかし，その知能の中身は単純知的障害者と全く同じものではありません。単なるIQ値だけではなく，言語性知能と動作性知能とに分類されるウェクスラー式知能検査では，その下位検査の結果にばらつきがあり，言語理解およびコミュニケーション能力を必要とする言語性下位検査の〈理解〉が最も弱く，視覚的刺激によって理解しやすい動作性下位検査の〈積木模様〉が最も強いといわれています。

　以上のことをふまえて，先ほどの問題の解答をします。

　まず，(1)の「ほとんど人としゃべらず，特定の人とだけしゃべる」は×です。これは第3章の言語障害のところで述べた場面（選択性）緘黙と呼ばれる障害で，学校で友達にいじめられたとか先生に叱られたとかによって学校では全くしゃべろうとしないけれど，家に帰ると弟や妹とは大きな声を出して遊んでいるような子どものことをいいます。不安からくる防衛機制が原因といわれており，情緒障害の一種です。自閉症とは違います。

　(2)の「ときおり，かんしゃくを起こすことがある」は○です。これは，よくパニックと呼ばれているもので，専門用語ではタントラム（tantrum）といいます。自閉症の子は自分の要求をうまく伝えられないときやその状況から逃げ出したいときなどに金切り声を上げ，頭を壁に打ちつけたりすることがあります。

　(3)の「ぶつぶつと独り言を言うことが多い」も○です。自閉症の人たちはよく他人が言った言葉をそのままおうむ返しで答えることがあります。これを専門用語でエコラリア（echolalia）と呼びます。エコラリアのエコー（echo）とは，こだまのことで反響するという意味です。このエコラリアには，誰かがしゃべった言葉をすぐに言い返す「即時性エコラリア」と，しばらく経ってから独り言のように反唱する「遅延性エコラリア」があります。たとえば，テレビのコマーシャルを覚えていたり，駅の案内放送の「次はシンジュクー，次はシンジュクー」などと言ったりする場合がこれにあたります。この遅延性エコ

第7章 自閉症

ラリアのことが独り言と思われたりします。

(4)の「物事にこだわりが多く，仕事の内容が変わったり残業をするのを嫌がる」も○です。自閉症の定義のひとつにも，このこだわり行動が示されていますが，これを無理に変えようとするとパニックやかんしゃくを起こすことがあります。

(5)の「いつも人と接触せずに，ひとりでいるのが好きである」は×です。一見，「自閉症」という言葉から，人嫌いで，いつもひとりぼっちでいたがるようなイメージがありますが，そうではありません。人と接触しようという意識もない代わりに人を避けようという意識もありません。図7-1をご覧ください。

一般的に，ダウン症の子は人なつっこい子が多く，そのため人間関係は＋の方向を示していますが，学校ではいじめられたりして場面緘黙になったり，不登校になったりした子どもは負の人間関係を示します。しかしながら，自閉症はどちらにも属せず，そのベクトルの方向は上を向いている状態です。このように，人間関係に関しては「わが道を行く」といったところでしょうか。

そう考えると，(6)の「片隅で落ち込んでいる」も×で，これはうつ病の人の状態と考えられます。

(7)の「特定のことに記憶力がいい」は○です。自閉症の映画として有名な『レインマン』の中で，自閉症役のダスティン・ホフマンが飛行機の墜落事故のことを全部記憶していたり，ラスベガスでのトランプカードを一瞬で記憶し

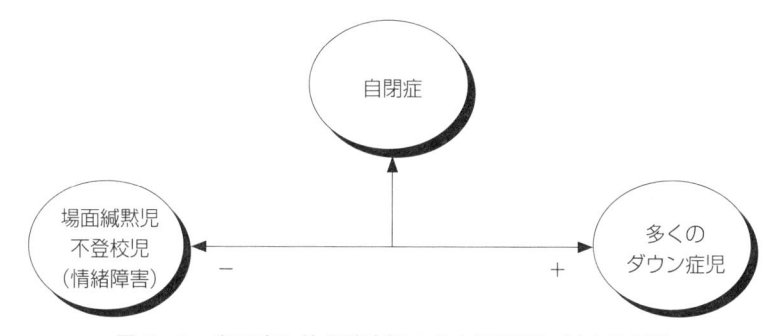

図7-1 自閉症と他の障害児との人間関係に対する意識

たりするシーンが出てきます。私の担当していた自閉症の子どもたちにも，西暦何年の○月○日は×曜日と，即座に答えることができる人がたくさんいました。まさしくカレンダーボーイです。このように，自閉症の人の中には，自分が興味をもったことに関してはとても高い記憶力をもっている人がいます。

(8)の「情緒障害であるので，愛情をもった接し方によって治る」についてですが，自閉症児者が情緒障害であるとする見方には賛否両論があります。広義の情緒障害には該当する箇所もありますが，狭義の情緒障害ではありません。現在では脳の器質的損傷による発達障害といわれています。指導や教育に愛情は必要ですが，それだけで治るのであれば世界中の親御さんが治しているはずです。よって，この答えは×です。

(9)の「登校拒否，出社拒否をしやすい」も×です。狭い意味の情緒障害児者であれば，対人関係による不安などから学校や会社に行きたくないといったことも生じますが，先に述べたように自閉症は情緒障害というよりも発達障害であり，また物事に対するこだわりがあるため，逆に毎日無遅刻無欠勤で学校や職場に通う人もいます。ですから，体育祭，文化祭などの行事や，それによって代休が生じた場合などは混乱を示す人がいます。

(10)の「身体を前後に揺すったり，奇妙な声を出すことがある」，これは○です。一般に常同行動（stereotype）と呼ばれるもので，手をひらひらさせたり体を前後に揺すったりする行動をとる自閉症の人が多いようです。

(11)の「多くの自閉症児は知的障害を重複している」，これに×を付けた人が結構多いのではないかと思いますが，先に述べたように，これは○です。図7-2に示すように，自閉症の人の多くは知的障害を重複しているといわれています。

(12)は「精神障害の一種である」ですが，

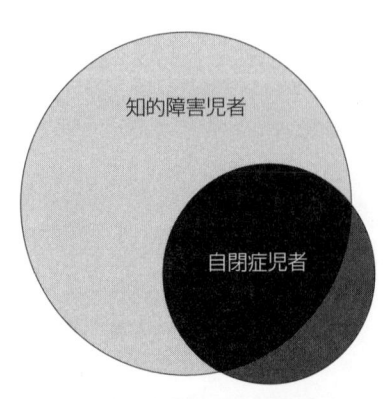

図7-2　自閉症と知的障害の関係
（梅永雄二，1999a）

第7章 自閉症

精神障害とは，統合失調症，躁うつ病などのことをいいます。自閉症は発達障害ですので，この答えは×です。

(13)の「人のことが気になる」ですが，気になりません。マイペースです。よって，×です。

(14)の「母子関係の問題から生じる」は，以前はそう考えられていましたが，現在は否定されています。これも×です。

いかがでしたか。すべて正解の方はかなり自閉症にお詳しい方だと思います。

第3節　自閉症児の教育

1　さまざまな治療教育

自閉症という障害がカナーにより発表されたときには狭義の情緒障害ととらえられていたため，精神分析理論をベースとする遊戯療法による治療教育が盛んになりました。その名残があるからか，わが国の自閉症教育では情緒障害の範疇で対応されていることが多く，教育措置の基準では図7-3のようになっています。

しかしながら，脳の障害ということが明確になるにつれ，徐々に遊戯療法は効果が疑われるようになり，さまざまな治療法が生まれてきました。遊戯療法から派生した受容交流療法，抱っこ法，食事療法，薬物療法，感覚統合訓練，太田ステージ，行動療法等。この中で，行動療法的アプローチで有名なロバースは自閉症を治したというなど，やや極端すぎる発表もしましたが，少なかった語彙を増やしたり，問題行動を軽減させたり，適切な行動を獲得させたりし

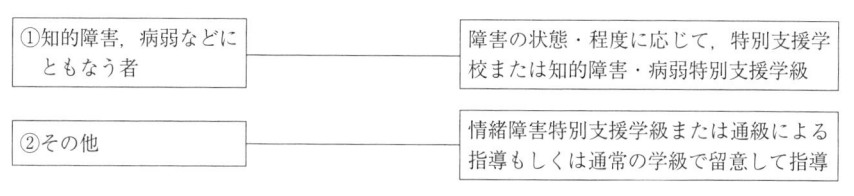

①知的障害，病弱などにともなう者	障害の状態・程度に応じて，特別支援学校または知的障害・病弱特別支援学級
②その他	情緒障害特別支援学級または通級による指導もしくは通常の学級で留意して指導

図7-3　情緒障害児の教育措置の基準 (旧文部省，1995より作成)

たことは事実です。行動療法はすぐれた療法のひとつと考えられます。しかしながら，自閉症児者の場合獲得したスキルは般化しないという指摘もあり，行動療法のベースである応用行動分析を中心としながらも物事の理解力を高める認知療法や心理言語学などを合わせた TEACCH プログラムというものが大変大きな成果をあげています。

2　TEACCH プログラム

TEACCH プログラムとは Treatment and Education of Autistic and related Communication handicapped Children の略語で，「自閉症および関連領域のコミュニケーション障害児の治療教育」のことで，アメリカのノースカロライナ州で実施されている幼児期から成人期に至るまで長期にわたって一貫して行われる総合的，包括的療育プログラムです。

このプログラムを開発したショプラーは，もともとは精神分析家であったベッテルハイムの弟子だったのですが，先に述べたように精神分析的アプローチでは自閉症の対応は難しいと考え，行動分析的考えを取り入れたのです。

この TEACCH プログラムには 7 つの原則を設けています。

(1)　自閉症児者の適応力を向上させる。
(2)　両親を共同治療者とする。
(3)　診断と評価にもとづいて個別的指導を行う。
(4)　構造化された指導・教育を行う。
(5)　自閉症児者の障害をそのまま受け入れる。
(6)　認知理論と行動理論を組み合わせて使う。
(7)　専門家は Specialist ではなく Generalist でなければならない。

TEACCH に対する誤解のひとつとして，(4)の「構造化」というものが有名になり，まわりの環境を変えることにのみ執着しすぎるといわれることがあります。しかし実際は(1)(6)のようにいろいろな手法を用いて自閉症児者のスキルの獲得をめざすものです。(2)の両親を共同治療者とするといった発想は，従来自閉症に関しては専門家にまかせておけばいいという考えがあり，両親はあく

までも素人ととらえられていました。しかしながら，親は生まれたときから最も長い間子どもと接触し，子どものことに詳しく，たくさんの情報をもっています。ということは，専門家と親がいっしょに対応していった方が効果があがるといった考えにのっとっています。そして，そのためにはきちんと自閉症児者のことを知らなければならないので，診断と評価を行うことになります。

(7)の「専門家はSpecialistではなくGeneralistでなければならない」というのは，Specialist的な発想だけでは，幼児期の言葉を増やしたり，パニックを制御したりすることなどに対しては部分的に対応できても，青年期に達した自閉症者がかかえる多くの問題に対応できなくなります。よって，小児科医，精神科医，教師，ST，心理士など自分の専門以外のこともある程度は知っておくことが必要であり，そのような知識を共有し合うことで他の専門家とスムーズな連携を図ることができると考えているのです。

第4節　自閉症児者の自立をめざして

一般的に自閉症児の予後は良くなく，青年期に達した自閉症者の社会参加は難しい状況となっています。とりわけ就労となると，わが国の自閉症協会の調査では9割以上の自閉症者が一般就労ができていないと報告されています。その理由としては自閉症児者が示すいくつかの問題行動があげられます。集団の中でみると，自閉症児者は他人とかかわることが非常に困難で，社会的刺激に反応せず，すぐ自己刺激行動にひたり，かつ言語コミュニケーションにも問題があるからです。

しかしながら，最近では課題分析や系統的訓練，行動形成などの行動分析技法の進歩によって，どんな機能水準の障害のある人でも職業的技能を学習する能力があることが示されています。

また，TEACCHプログラムによって成果をあげたアメリカのノースカロライナ州では，幼児期から成人期までの包括的なプログラムにより，青年期に達した自閉症の在宅者や施設入所者は全体のわずか9％であるといいます。そし

て，仕事をしようという意識のある自閉症者の7割が働いており，ノースカロライナにいる重度を含む全自閉症者においても約5割の人が就業しているとのことです。

このように，早期からの治療教育と環境を自閉症に合わせるといった社会からの歩み寄りによっては，自閉症者も自立した生活が営めるものと考えます。

Column 6　自閉症とコミュニケーション

　聴覚障害の人には言葉で話しかけたりしませんね。それは，耳が聞こえないということがわかっているからです。しかし，自閉症の人にはどうして言葉で話しかけるのでしょうか。それは，自閉症の人は聞いた言葉を反唱することができるから，言葉を使えると私たちが思ってしまうからなのです。

　コミュニケーションというと，すぐに言葉が思い浮かびますが，聴覚障害の人は手話がコミュニケーションの手段です。視覚障害の人では手紙のやりとりは点字になります。

　自閉症の人は脳に障害があるので，言葉を暗記しても言葉の意味をすべて理解しているわけではないと思われます。ですから，自閉症の人に対しては，自閉症の人にわかりやすいようなコミュニケーション手段を用いるべきなのです。それは，筆談かもしれないし，絵や写真ならわかるかもしれません。その人ひとりひとりに応じたコミュニケーションの方法があるのです。

　視力が弱い人のためには眼鏡やコンタクトレンズがあり，聴力が弱い人のためには補聴器があります。自閉症の人に絵カードや文字カードがあってもいいと思うのですが。

第8章
学習障害と注意欠陥多動性障害

第1節 はじめに

　ハリウッド映画で有名なトム・クルーズさんをご存知だと思います。彼は文字（アルファベット）を読んだり，書いたりする際に，「b」と「d」，「p」と「q」などの文字を混同してしまうそうです。わが国でも「む」という字を「ひ」と書いたりする，いわゆる鏡（鏡像）文字になる子どもがいますが，このような状態がずっと残り，文字を読んだり書いたりすることが不得手な状態を学習障害（LD）といいます。トム・クルーズさんが学習障害であることは本人も公表しており有名な話ですが，この「読んだり」「書いたり」あるいは「計算したり」する能力に欠けている人はとても多く，特別支援学校や特別支援学級に行くレベルではないけれど，学校の勉強についていけない子どもたちのことが最近大きな問題になってきています。このような子どもたちは学習障害児と呼ばれています。

　また最近，小・中学校で「学級崩壊」とか「学校崩壊」といった問題がクローズアップされてきています。「多動な子」や「落ち着きのない子」そして「キレる子」がその原因であると論じられている本が数多く出ていますが，果たしてそうなのでしょうか。彼らのような子どもは昔からいたはずであり，となると最近生じてきた学級崩壊の原因が彼らだけに起因するという考えとは矛盾してしまいます。しかし，学校生活において，彼らのかかえる問題は大きく，学校の先生方はその指導法にとても頭を悩ませています。このような子どもた

ちは注意欠陥多動性障害（ADHD）と呼ばれています。そして，学習障害と注意欠陥多動性障害は共通する点が多く，約3割から7割は学習障害と注意欠陥多動性障害が重複しているといわれています。

この章では，学習障害児者と注意欠陥多動性障害児者について学んでいきます。

第2節　学習障害・注意欠陥多動性障害とは

1　学習障害

学習障害とはLD（Learning Disabilities）とも呼ばれ，次のように定義されています。

> 定義（1）「正常な知能（IQ90以上）をもち，感覚能力に異常がなく，運動機能に大きな欠陥がなく，情緒的にも適応していながら，学習に欠陥をもつ状態である。この学習の欠陥が脳の機能障害によると想定される場合に学習障害とよぶ」（マイクロバスト，1960；ジョンソンほか，1967より）

> 定義（2）「学習障害とは，話し言葉，言語，読み，綴り，書く，算数のひとつ，あるいは，それ以上の過程における遅滞や障害を指す。それは，おそらく脳の機能障害や，あるいは，情緒・行動面の障害に由来するが，精神遅滞，感覚障害，文化や教育上の要因によるものではない」（カーク，1963）

> 定義（3）「学習障害とは，聞く，話す，読む，書く，思考する，あるいは，数学的な能力の獲得，使用に顕著な困難を示す異質な障害を含むグループに付けられた包括的な名称である。これらの障害は個人に固有のものであり，中枢神経系機能の障害に起因すると推定される。学習上の問題に，他の障害（感覚障害，知的障害），対人関係ないし情緒的障害，あるいは，環境的要因（文化の違い，教育方法の拙劣，心因性の要素）が付随すること

第8章 学習障害と注意欠陥多動性障害

はあるが，ここに述べる学習障害，これら他の障害や環境要因の直接の結果として生じたものではない」(NJCLD, 1981)

また，DSM-Ⅳでは，学習障害について，Learning Disabilitiesではなく，Learning Disordersとして示されており，表8-1のように定義されています。

これらの定義を重ね合わせると，学習能力障害の概念の共通部分としては，知的能力は正常以上であり，視覚や聴覚，運動機能などに障害はなく，情緒的な障害から発生するわけでもない，脳の機能障害が原因だと考えられます。そ

表8-1　DSM-Ⅳにおける学習障害 (Learning Disorders) の診断カテゴリー
(APA, 1994)

読字障害 (Reading Disorder)
　A. 読みの正確さと理解力についての個別試行による標準化検査で測定された読みの到達度が，その人の生活年齢，測定された知能，年齢相応の教育の程度に応じて期待されるものより十分に低い。
　B. 基準Aの障害が読字能力を必要とする学業成績や日常の活動を著明に妨害している。
　C. 感覚器の欠陥が存在する場合，読みの困難は通常それに伴うものより過剰である。
算数障害 (Mathematics Disorder)
　A. 個別施行による標準化検査で測定された算数の能力が，その人の生活年齢，測定された知能，年齢相応の教育の程度に応じて期待されるものより十分に低い。
　B. 基準Aの障害が算数能力を必要とする学業成績や日常の活動を著明に妨害している。
　C. 感覚器の欠陥が存在する場合，算数能力の困難は通常それに伴うものより過剰である。
書字表出障害 (Disorder of Written Expression)
　A. 個別施行による標準化検査 (あるいは書字能力の機能的評価) で測定された書字能力が，その人の生活年齢，測定された知能，年齢相応の教育の程度に応じて期待されるものより十分に低い。
　B. 基準Aの障害が文章を書くことを必要とする学業成績や日常の活動 (例：文法的に正しい文や構成された短い記事を書くこと) を著明に妨害している。
　C. 感覚器の欠陥が存在する場合，書字能力の困難は通常それに伴うものより過剰である。
特定不能の学習障害 (Learning Disorder Not Otherwise Specified)
　このカテゴリーは，どの特定の学習障害の基準も満たさない学習の障害のためのものである。このカテゴリーは，3つの領域 (読字，算数，書字表出) のすべてにおける問題を含む場合があり，個々の技能を測定する検査での成績は，その人の生活年齢，測定された知能，年齢相応の教育の程度に応じて期待されるものより十分に低いわけではないが，一緒になって，学業成績を著明に妨害しているものを含めてもよい。

の結果，経験を応用していったり，記憶をもとに一定の順序に統合していったりする学習過程がうまくいかなくなってしまったのではないかと考えられています。

似たような言葉に学習遅滞児（slow learner）とか学業不振児（under-achiever）という言葉がありますが，学習遅滞児とは知的能力（IQ）の高低にかかわらず，生活年齢から期待される学習効果（学業成績）が得られない子どものことであり，学業不振児とは知的能力に比べて学習効果が上がらない子どものことをいいます。

また，微細脳機能障害（Minimal Brain Dysfunction：MBD）とは，「知能はほぼ正常，あるいは正常以上でありながら，種々な程度の学習障害や行動の異常があり，しかも中枢神経機能の偏りにより，認知，概念化，言語，記憶，注意の集中，衝動の抑制，運動機能などの障害のいくつかが組み合わさって現れるもの」（隅田征子，1978）とされており，ほぼ学習障害と同じと考えてよいでしょう。

2　注意欠陥多動性障害

注意欠陥多動性障害とは，ADHD（Attention-Deficit/Hyperactivity Disorder）とも呼ばれています。主な症状は，常に落ち着きがなく多動であること，自分の思い通りにならないとすぐに怒り出すといった衝動性があること，気が散りやすいといった注意力散漫なところがあることで，DSM-Ⅳでは表8-2のように定義されています。

注意欠陥多動性障害はアメリカでは200万人も診断されているそうですが，日本ではまだ少ない状況です。

注意欠陥多動性障害の子どもは，授業中床に寝そべったり，席を立ったり，教科書や椅子を投げつけたりするため，授業がしばしば中断されます。それだけならまだしも注意欠陥多動性障害の最も大きな問題点は，自分で衝動的な行動を抑えることができない，いわゆるキレてしまうことです。その結果，学校で適切な友達関係を築くことができず，ひとりだけ浮いてしまったり，いじめられたりすることがでてきます。

表8-2　DSM-Ⅳにおける ADHD（注意欠陥多動性障害）の診断カテゴリー
（APA, 1994）

A. (1)か(2)のどちらか
  (1) 以下の不注意の症状のうち6つ（またはそれ以上）が少なくとも6カ月以上続いたことがあり，その程度は不適応的で，発達の水準に相応しないもの
    不注意
    (a) 学業，仕事，またはその他の活動において，しばしば綿密に注意することができない，または不注意な過ちをおかす。
    (b) 課題または遊びの活動で注意を持続することがしばしば困難である。
    (c) 直接話しかけられた時にしばしば聞いていないように見える。
    (d) しばしば指示に従わず，学業，用事，または職場での業務をやり遂げることができない（反抗的な行動または指示を理解できないためではなく）。
    (e) 課題や活動を順序立てることがしばしば困難である。
    (f) （学業や宿題のような）精神的努力の持続を要する課題に従事することをしばしば避ける，嫌う，またはいやいや行う。
    (g) （例えばおもちゃ，学校の宿題，鉛筆，本，道具など）課題や活動に必要なものをしばしばなくす。
    (h) しばしば外からの刺激によって容易に注意をそらされる。
    (i) しばしば毎日の活動を忘れてしまう。
  (2) 以下の多動性―衝動性の症状のうち6つ（またはそれ以上）が少なくとも6カ月以上持続したことがあり，その程度は不適応的で，発達水準に相応しない
    多動性
    (a) しばしば手足をそわそわと動かし，またはいすの上でもじもじする。
    (b) しばしば教室や，その他，座っていることを要求される状況で席を離れる。
    (c) しばしば，不適切な状況で，余計に走り回ったり高い所へ上ったりする（青年または成人では落着かない感じの自覚のみに限られるかも知れない）。
    (d) しばしば静かに遊んだり余暇活動につくことができない。
    (e) しばしば"じっとしていない"またはまるで"エンジンで動かされるように"行動する。
    (f) しばしばしゃべりすぎる。
    衝動性
    (g) しばしば質問が終わる前にだし抜けに答えてしまう。
    (h) しばしば順番を待つことが困難である。
    (i) しばしば他人を妨害し，邪魔する（例えば，会話やゲームに干渉する）。
B. 多動性―衝動性または不注意の症状のいくつかが7歳未満に存在し，障害を引き起こしている。
C. これらの症状による障害が2つ以上の状況において（例えば，学校［または仕事］と家庭）存在する。
D. 社会的，学業的または職業的機能において，臨床的に著しい障害が存在するという明確な証拠が存在しなければならない。
E. その症状は広汎性発達障害，統合失調症，またはその他の精神病性障害の経過中にのみ起こるものではなく，他の精神疾患（例えば，気分障害，不安障害，解離性障害，または人格障害）ではうまく説明されない。

第3節　学習障害・注意欠陥多動性障害児の教育

　学習障害児や注意欠陥多動性障害児の教育については，指導する教師の方もまだくわしい情報が入ってきていない段階です。その理由は学習障害，注意欠陥多動性障害が視覚や聴覚といった感覚器官に障害があるわけではなく，また身体に麻痺があったり知的に遅れがあったりするわけでもないためです。アメリカでは，特別支援教育の対象者のうち約6％は学習障害と分類された子どもであり，彼らのほとんどに対して学習障害の特性に応じた特別支援教育が通常学級において実施されています。わが国でも，特別支援学級や通級学級に在籍する場合はあるようですが，それも本人のプライドが許さなかったり，教師がうまく対応できなかったりと，さまざまな問題をかかえています。
　今後は特別支援教育が必要な児童生徒という発想で取り組むのが望ましいと考えていくべきでしょう。

第4節　学習障害・注意欠陥多動性障害児者の自立をめざして

1　学習障害・注意欠陥多動性障害児者に対する情報不足

　学習障害はアメリカの調査によると，その出現率は約6％とのことです。6％というとわが国では約760万人もの学習障害児者が存在し，40人の教室なら約2人以上の学習障害児がいることになります。しかしながら専門の病院によって学習障害と診断された子どもは少なく，また学習障害の専門の医者も少ないため，学校の教師は学習障害についてまだ知識が豊富なわけではありません。
　また注意欠陥多動性障害も親の育て方が悪いためわがままな子どもになったといわれたり，愛情不足からそうなったと思われがちです。学習障害や注意欠陥多動性障害といった障害は目に見えず，また知的な障害があるわけでもないため多動性や衝動性を抑えようとすると厳しく叱ることがあるのも事実です。

しかし，それだけで愛情不足ということはできません。先に述べたように，教師でさえも学習障害や注意欠陥多動性障害についてくわしく知らない場合が多いのです。

2　青年期学習障害・注意欠陥多動性障害の課題

筑波大学の宮本信也は，学習障害の症状を①発達面の問題，②行動面の問題，③運動面の問題，④学習面の問題，⑤心理面の問題の5つに分類し，それぞれ①は乳児期・幼児期前半，②と③は幼児期，④は学童期に問題とされる症状であるのに対し，⑤の心理面の問題は思春期以降に問題とされる症状と述べています。そして，その心理面の問題を性格特性の問題と心因性の症状に二分し，それぞれ以下のような症状が問題となると示しています（宮本，1992）。

(1)　性格特性としての問題
　①低い自己評価　　　　②自信喪失
　③感情不安定　　　　　④不安
　⑤緊張しやすさ　　　　⑥敏感性
　⑦頑固・融通性のなさ

(2)　心因性の症状
　①集団行動からの逸脱　②興奮・乱暴・反抗的な言動
　③不登校・怠学　　　　④非行
　⑤性的逸脱行動　　　　⑥抑うつ・自殺企画
　⑦睡眠障害

このあわせて14の問題は注意欠陥多動性障害にも共通する項目を多く含んでおり，青年期以降の学習障害，注意欠陥多動性障害の社会適応の難しさが示されています。

3　自立のための方策

学習障害児者・注意欠陥多動性障害児者らに対する教育では，先に述べた課題から検討すると，彼らのための特別支援教育の必要性が認められます。特

別支援学校，特別支援学級に変わるLDおよびADHD学校のようなところで，学習障害や注意欠陥多動性障害についての専門知識をもつ教師によって教育されることが望まれます。アメリカでは，行動理論にもとづく注意欠陥多動性障害児専門の学校があるように，わが国でも障害児ひとりひとりに応じた教育がなされるシステムづくりが必要です。

　その際，教科教育も重要ですが，対人関係を中心とした社会的スキル（第4章参照）の指導が中心となるものと思います。現在，YMCAなどで学習障害児に社会的スキルを教えているところが増えてきましたが，本来なら学校で行うべき内容です。

　さらに，小学校や中学校の教師を希望する学生に対し，特別支援教育の講座を設け，基本的な知識を学ばせ，現職の教師に対しては専門家による研修会などによって，学習を積んでいく必要があります。

　また，青年期には職業的自立を図らねばならないため，学習障害者のための職業訓練を行う機関などの設立も望まれます。先に述べたYMCAの一部では専門学校としての機能をいかし，就労のためのコンピュータ技能の修得などをめざすプログラムを考えているところもあり，社会の現実に対応した教育やサービスがなされるべきです。

Column 7　学習障害と不登校

　学習障害の人たちは普通学校に行く人が多いため，学校の勉強についていけなくなると，いじめの対象になる場合があります。
　学校の勉強がおもしろくなく，先生には叱られ，友だちにはいじめられるとなると，学校なんか行きたくないという気持ちになるのは当然だと思います。
　また，学校がおもしろくないと，学校以外に自分の存在感を求めて，ゲームセンターなどの繁華街に入り浸りになり，そこで出会った友だちだけが自分を認めてくれると考え，非行に走る子どもも出てきます。
　今，不登校児は13万人を超え，スクールカウンセラーによる指導などが行われはじめました。スクールカウンセラーの多くは臨床心理士という資格をもっており，心の専門家として期待されています。しかしながら，障害児臨床の経験豊富な人はまだ少ないのが現状です。
　不登校は情緒的な問題が原因で起きるととらえるだけではなく，子どもによっては，その背景に学習障害という要因も存在することをスクールカウンセラーは知っておく必要があります。

第9章 その他の障害

第1節 はじめに

　障害の定義は国によって異なり，わが国は欧米に比べてその範囲は狭いといわれています。

　わが国では，序章でも述べたように行政上手帳等で認定されているのは，身体障害者，知的障害者，精神障害者の3分類です。身体障害には視覚・聴覚または平衡機能・音声機能・言語機能または咀嚼機能・肢体不自由・内部の各障害が含まれ，精神障害には統合失調症，躁うつ病，てんかんが含まれます。

　これ以外にも社会生活上ハンディを被る人はたくさんいるのですが，この章では先に述べた障害以外のいくつかを紹介します。

第2節 てんかん，情緒障害，触覚・嗅覚・味覚障害とは

1 てんかん

　WHOの定義によると，てんかん（epilepsy）とは「種々の病因によってもたらされる慢性の脳疾患であり，大脳神経細胞が過剰に放電することによる反復性の発作（てんかん発作）を主徴とし，それに関連した種々の臨床ならびに検査所見表出を伴う」となっています。てんかんの多くは胎生期および周産期に幼若な脳に加わった損傷や病変に由来し，既往歴が確認される場合を症状（外因性）てんかん，確認されない場合を潜因性（真性）てんかんと便宜的に分類

第9章 その他の障害

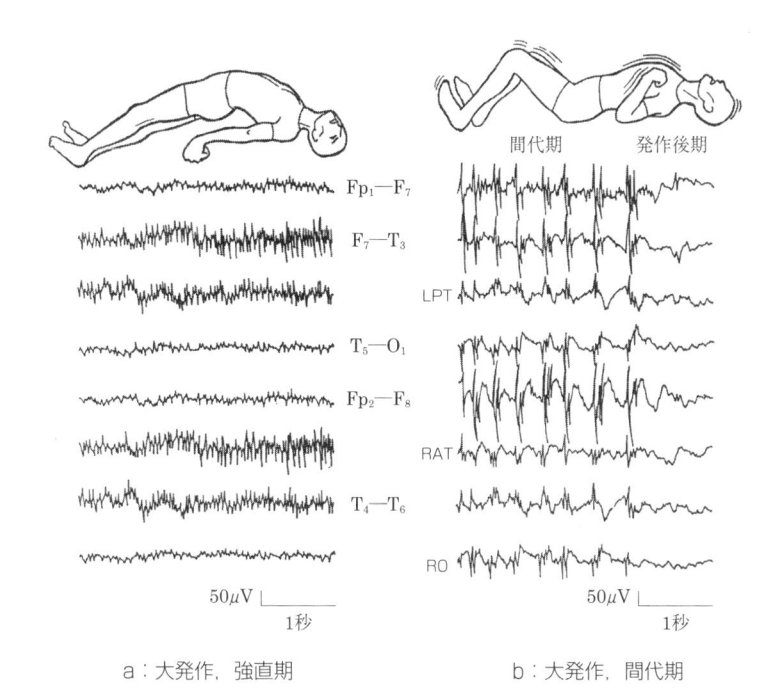

a：大発作，強直期　　　　　　　b：大発作，間代期

図9-1　大発作（全般強直間代発作）による強直期，間代期の身体症状と脳波
（高橋純，1985）

されています。

　最近では，全般発作を主症状とする全般てんかんと部分発作を主症状とする部分てんかん（局在関連てんかん）に分けるのが一般的です。

　図9-1に，大発作の体がつっぱる強直期および大きな発作である間代期の発作の状況と脳波を示します。

　てんかんは，人によりますが，発作そのものよりも，発作を起こした際の状況によって，危険な状態となることがあります。たとえば，水泳や岩登り中に発作を起こすと，意識がなくなり死に至る場合があります。

　規則正しい生活と服薬により，かなりの部分が改善できます。危険なスポーツは避け，夜ふかしなどもしないようにしておくべきです。

2　情緒障害

　情緒障害とは，学校教育の場での用語であり，医学的な症候群ではありません。狭義の定義では「心因性の不適応行動を示す子ども」となっており，自閉症や学習障害，注意欠陥多動性障害は発達障害であるため，情緒障害児学級に属していても，狭義の情緒障害ではありません。

　具体的には，情緒障害とは小林重雄によると，以下の13の分類に分けられています。

(1)　食事の問題　過食，偏食，拒食，異食
(2)　排泄の問題　夜尿，失禁，頻尿，便秘
(3)　睡眠の問題　不眠，夜驚，不規則な睡眠
(4)　性的問題　自慰，性への関心過多，フェティシズム，同性愛
(5)　神経性習癖　爪かみ，指しゃぶり，チック
(6)　情緒不安定　かんしゃく，興奮傾向，落ち着きなし，衝動傾向，注意転導，自己刺激行動，自傷
(7)　対人関係　孤立化，不人気，非協力，反抗
(8)　反社会的傾向　喧嘩，乱暴，残忍，虚言癖
(9)　非行　窃盗，怠休，放浪，傷害
(10)　言語の問題　吃音，あがり症，言語発達遅滞，発音不明瞭
(11)　学業不振　全般的不振，特定教科不振
(12)　登校拒否　学校恐怖症
(13)　心因性緘黙　ヒステリー性緘黙，場面緘黙

3　触覚・嗅覚・味覚障害

　人間には五感というものがあり，それは5つある感覚という意味です。その5つの感覚は，目から入ってくる視覚，耳から入ってくる聴覚，さわってわかる触覚，臭いをかいでわかる嗅覚，食べてわかる味覚に分かれています。視覚や聴覚の障害は第1章，第2章で述べました。視聴覚障害は，社会生活を営むうえで大きなハンディとなりますが，残りの3つの感覚にもその機能に障害を

来したらやはりハンディとなります。

1) 触覚障害

触覚とはその字のとおり，さわってわかる感覚のことです。温かいとわかる温覚，冷たいとわかる冷覚，痛いと感じる痛覚，圧迫感を感じる圧覚の4つを含めた皮膚感覚と同義とされており，これらの感覚がなくなったり，麻痺したりした場合に触覚障害となります。健常者でも寒さのために手や顔の感覚がなくなったりする場合に，一時的に触覚障害が生じることがあります。しかし，大きな問題となるのは，脊髄損傷者の場合などです。麻痺した場所が傷ついたり火傷をしても，痛いとか熱いと感じなくなります。そのため，そこから化膿したりする場合があるからです。

2) 嗅覚障害

嗅覚障害とは，臭いが感じられない障害です。臭いが感じられないとガスなどが充満していても吸い続け，身体に害を及ぼしたり，また腐った食べ物でも臭いがわからないため食べてしまい，食中毒を起こすこともあります。

原因は慢性副鼻腔炎が約65％と最も多く，ついで風邪の後，原因不明，アレルギー性鼻炎，頭部外傷後遺症などとなっています。最も多い慢性副鼻腔炎は風邪から起こるので，風邪を引かないことが必要です。ステロイド薬の点鼻や手術などで嗅覚障害のうち約3分の2から7割の人が治るといわれています。

3) 味覚障害

味覚障害とは何を食べても味がわからない障害で，男性に比べ女性に多いといわれています。味覚障害になると，おいしいとかまずいとかいった感覚がわきません。

味覚障害の原因で最も多いのは，抗生物質や降圧利尿剤，血管拡張薬などの薬物によるもので，ついで原因不明，3番めに亜鉛欠乏症，心因性と続きます。また，外食や加工食品などの偏った食事によって栄養が偏ってしまったり，極端なダイエットによって，新陳代謝に必要な亜鉛が欠乏すると，新しい細胞を作ることができなくなり，味細胞も作られなくなります。治療法としては亜鉛欠乏症であれば亜鉛を服用し，心因性の場合はビタミン剤による治療がありま

す。味覚障害にならないようにするためには，何よりもバランスの取れた食生活を営むことが大切です。

第3節　その他の障害の学校教育

　第2節で述べた障害は身体障害者福祉法における障害としては認められていないので，学校教育では特別な措置はとられていません。ほとんどが普通の学校や学級で勉強しています。ただ，情緒障害のみはその定義があいまいなので，自閉症は情緒障害に入れられており，特別支援学校や特別支援学級などで教育がなされています。
　また，てんかんは，脳性麻痺児者や知的障害児者，自閉症児者には重複していることも多く，その場合はその主障害により教育的な措置がとられます。

第4節　その他の障害児者の自立をめざして

　その他の障害には，ここで述べた以外にもさまざまな種類があり，その内容により対応は個々に変わります。
　ただ，特別支援教育の対象となっていない場合は，全く一般と同じ教育体制で実施されているため，学校以外で自分のかかえる問題を解決できるようなシステムを構築していく必要があります。
　その中心は今のところ医療的なケアが中心となっていますが，このような制度の狭間にいる障害児者は医療と教育双方の内容を擁している機関での対応が望まれます。

Column 8　迷信にとらわれない治療と対処を

　江戸時代頃のことでしょうか。てんかん発作を起こした人に対して、草履を頭の上に載せると治るという迷信がありました。これは、てんかん発作は時間的に数分程度と短いため、玄関の履き物が置いてあるところまで草履を取りに行って、戻って頭に載せる頃には回復していたところから、草履神話が生まれたのでしょう。

　当然のことながら、草履がてんかんにきくわけではありません。また、発作を起こした子どもに舌をかまないようにと、鉛筆や割り箸を口にはさんだり、指を入れたりすることもよいことではありません。発作のときは舌は引っ込んでおり、あえて鉛筆などを口にはさむと、割れてのどに刺さってしまったりする場合があります。ましてや、指を入れたりすると、強い力がかかっているため、指をかみ切られたりすることだってあります。

　迷信や言い伝えに迷うことなく、きちんとした正しい情報によって対処しましょう。

II部

将来を見据えた障害児者教育

第10章 社会的自立をめざした障害児者教育

第1節 社会的自立をめざした教育とは

　障害児教育にはその方法をめぐって，さまざまな哲学が存在します。たとえば，知的障害児教育において，教室の中だけの学習では具体性がないため，子どもが生活するなかでいろいろなことを教えていこうという教育方法があります。具体的な例を示すと，畑で野菜を植えながら，野菜の名前を覚えたり，苗の数を計算したりして読み書きや計算を学習していくという指導です。これは，黒板による杓子定規な授業に比べて現実性に富み，知的障害児にとってはとても興味のわく指導法だと思います。

　しかし，Ⅰ部で述べたように，知的障害といっても全く言葉が理解できない人から，普通の会話によってある程度まで理解できる人までさまざまなレベルがあります。このように多様な子どもたちに同じような教育方法を行っても，その指導がぴったりはまった子どもにはすばらしい教育効果が期待できるでしょうが，効果が期待できない子，たとえば畑に出た瞬間に走りまわったりする子どもだっています。そのような子どもの場合には，せっかくのいい指導が本人に全く伝わらないことだって生じてくるでしょう。

　知的障害児と大雑把にとらえても，ひとりひとり能力や個性に違いがあるのですから，その個性に応じた教育指導が必要となってきます。このひとりひとりにあった教育計画が後に述べるIEP（個別教育計画）というもので，このIEPにより将来の自立につながるような教育内容を設定することができるよう

になりました。

　将来の自立とは，職業的な自立をめざすことを目標とします。もちろん，重度・最重度の障害があり，就職が困難な障害児者もたくさんいます。

　しかしながら，仕事に就きたいという希望があり，またその能力があると考えられる子どもたちでさえ，現実に就労している者はきわめて少ないのが現状です。

　よって，青年期，成人期の職業的自立をめざす教育こそ，ひとつの社会的自立，そして社会参加と考えます。

第2節　職業的自立をめざす学校教育の課題

1　進路指導教師の実態

　残念ながら，わが国では学校教育と卒業後の就労支援とのつながりが十分に取れているとはいえません。学校在学中は学校が支援を行いますが，就労後の支援には限界があります。

　バブルが崩壊して以降，この不況の中で就職するのは健常者でも大変なわけですから，障害児者の就職が困難であるのは当然かもしれません。

　全国特別支援学校長会の調査研究によると，知的特別支援学校の進路担当教諭について調査したものがあります。これによると，図10-1に示すように，

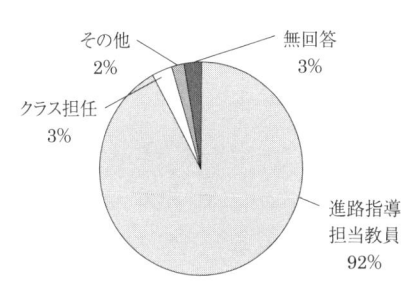

図10-1　主な進路指導の担当者
（全国特殊学校長会，1999）

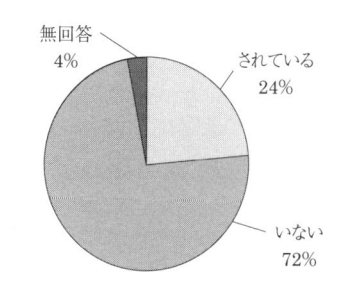

その他 2%
無回答 3%
クラス担任 3%
進路指導担当教員 92%

図10-2　進路指導教師の別枠配置の有無
（全国特殊学校長会，1999）

無回答 4%
されている 24%
いない 72%

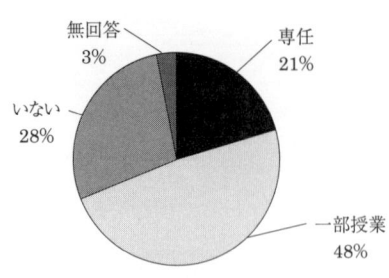

図 10-3 進路指導教師の位置づけ
（全国特殊学校長会，1999）

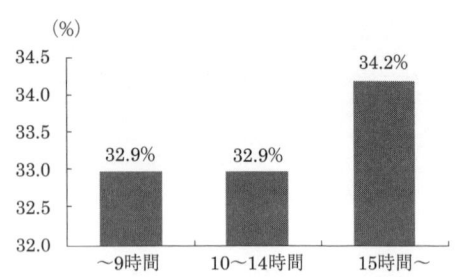

図 10-4 一部授業をもっている教員の持ち時間数（全国特殊学校長会，1999）

　進路指導は担任やその他の人が進路指導を行うのではなくて，特別支援学校では進路指導教師というひとつの役職の人が進路指導の役割を果たしています。
　しかし，その進路指導教師が専任かどうかということになると，図10-2のように，7割以上が専任として配置されていないのが現状です。専任として配置されているのはわずか24％にすぎません。
　つまり，進路指導教師は，学校の授業などそれ以外の仕事を掛け持ちしている人が多いわけです。また，進路指導教師といえども図10-3のように授業を担当している人が半数を占め，その持ち時間も15時間以上という人が3割以上もいる状態です（図10-4）。

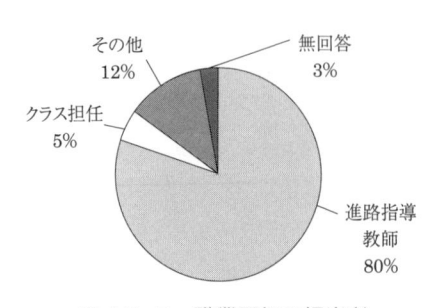

図 10-5 職業開拓の担当者
（全国特殊学校長会，1999）

2　職場開拓

　職場開拓の担当者をみていくと，図10-5に示されるようにほとんど進路指導教師です。
　担任の先生はあまり職場開拓をしていません。また，就職先の紹介は，図10-6をみるとハローワーク（公共職業安定所）の紹介というのは少なく，ハローワークをあまり使わな

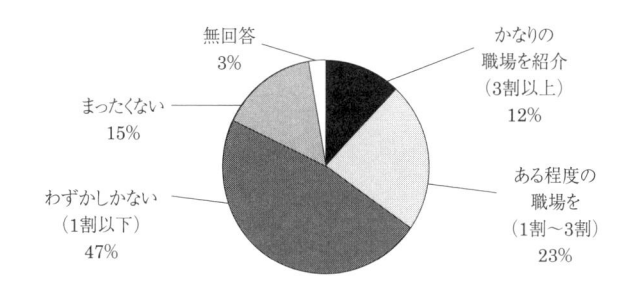

第10章　社会的自立をめざした障害児者教育

図10-6　公共職業安定所からの紹介率（全国特殊学校長会，1999）

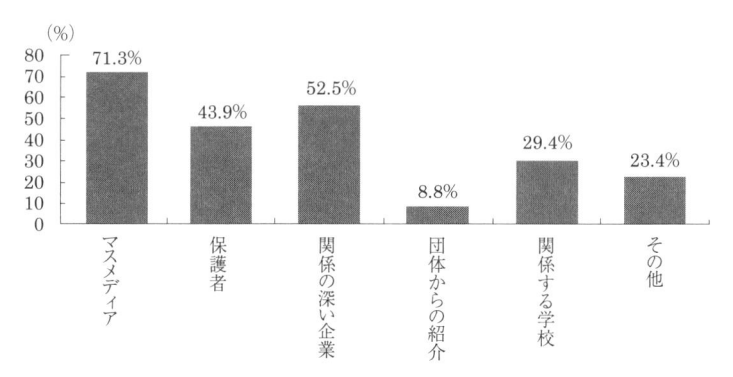

図10-7　職業開拓の情報収集先（全国特殊学校長会，1999）

いで職をさがしていることがわかります。

　このように，進路指導教師は進路の専任ではなく，授業をもたされており，そのようななかで懸命にがんばっている状況です。

　それではハローワークに代わって，職場開拓をどのようにやっているかというと，新聞広告やチラシ，電話帳，求人関係ニュースなどのマスメディアが7割を超えており，その他に関係の深い企業の紹介，それから保護者からの紹介，関係する学校からの情報などとあらゆる情報を使っています（図10-7）。

　開拓していく職場にはどのようなところがあるかというと，図10-8から，今まで自閉症とか知的障害の人たちが働いていたところではない新しい職場が約63％もあり，就職先ではなく現場実習先だけをみると約73％も新しい職場があるとのことです（図10-9）。

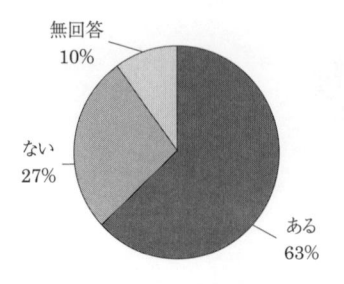

図 10-8　新しい職場の有無（全国特殊学校長会，1999）

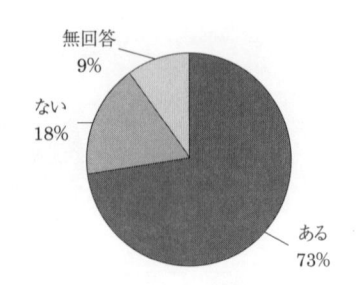

図 10-9　新しい現場実習開拓の有無（全国特殊学校長会，1999）

そして，それらの職種にはどのようなものがあるかというと，老人ホームや保育園，ファーストフードやファミリーレストラン，スーパーマーケット，リサイクル，情報処理会社での端末入力，清掃など多岐にわたっています。昔と異なり就職する職種が変わってきていることがわかります。

3　今後の特別支援学校高等部のとりくみ
1）在学中の進路指導

進路指導について，学校として今後とりくむべき方策では，図10-10のような結果となっています。まず，関係機関との連携が必要であること。この関係機関とはハローワークとか地域障害者職業センター，職業能力開発校（職業訓練校），更生相談所，福祉事務所などと考えられます。

次に個別指導計画，すなわちIEP（第3節参照）が就労まで考えた計画でないと意味がないわけです。

3番めが進路指導教師の専任配置。そして4番めが職業教育の充実となっています。この職業教育の充実というのは後ほど述べますが，今はまだまだ充実されていない現状です。新しい職場や新しい職場実習先で示した職種に関連するような教育はほとんどなされていないといっていいでしょう。聴覚特別支援学校では，職業科や専攻科に縫製という作業種目がありますが，今この縫製の訓練をしても縫製に関する仕事はきわめて少ない状況です。縫製関係の仕事は

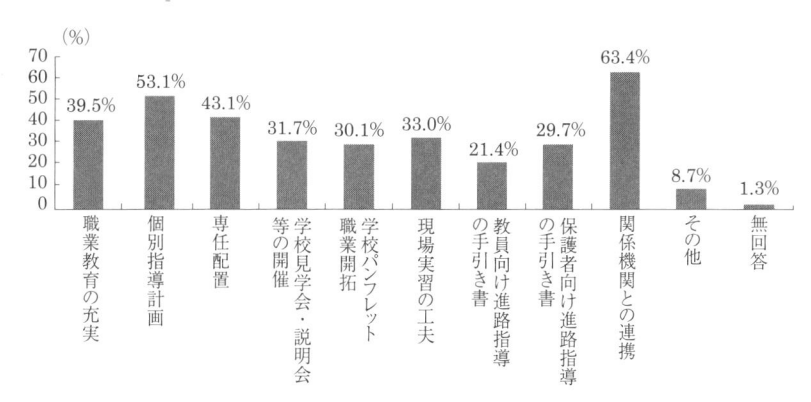

第 10 章　社会的自立をめざした障害児者教育

図 10-10　学校として今後とりくむべき方策（全国特殊学校長会，1999）

- 職業教育の充実　39.5%
- 個別指導計画　53.1%
- 専任配置　43.1%
- 学校見学会・説明会等の開催　31.7%
- 学校パンフレット職業開拓　30.1%
- 現場実習の工夫　33.0%
- 教員向け進路指導の手引き書　21.4%
- 保護者向け進路指導の手引き書　29.7%
- 関係機関との連携　63.4%
- その他　8.7%
- 無回答　1.3%

外国に依存しています。そういう厳しい状況なのに，学校内で縫製の教育や訓練を行っても現実の就労とつながっていきません。

2）卒業後のフォロー

また，特別支援学校卒業生の場合，学校を卒業して就職しても，心のよりどころはまだ学校にあることが多いため，同窓会や青年教室の存在が大きくなります。それらの存在は図 10-11 のように 81%とかなり充実していますが，卒業後どれぐらいの期間指導を続けているかというと，図 10-12 にみられるよ

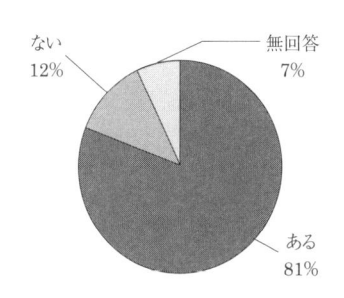

図 10-11　卒業後指導のための同窓会・青年教室の有無（全国特殊学校長会，1999）

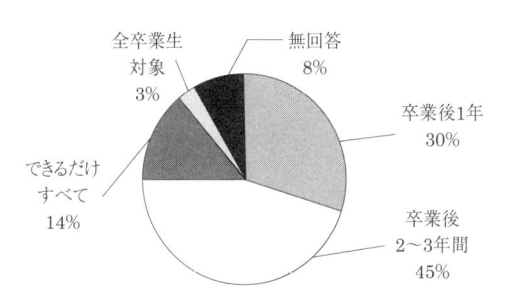

- ある　81%
- ない　12%
- 無回答　7%

図 10-12　卒業後指導の期間（全国特殊学校長会，1999）

- 卒業後1年　30%
- 卒業後2〜3年間　45%
- できるだけすべて　14%
- 全卒業生対象　3%
- 無回答　8%

うに，2〜3年が45％，1年が30％。つまり，4年め以降はほとんど対応できていない状況です。学校にもどんどん新しいお子さんが入ってきますから，卒業生のフォローアップを延々と続けていくわけにはいきません。特別支援学校卒業後のアフターケアは進路指導教師がやっているわけですが，結局学校で行われる青年教室とか同窓会といったものでフォローしなければならない状況です。その卒業後指導においても，課題が生じています。障害のある人たちは，社会人になると，人一倍精神的負担が大きくなり，よりどころが欲しくなってきます。しかし，学校へ行っても世話になった教師が異動してしまっているということが多々あります。代わりの新しい先生では，その子と接触がないためうまく対応できません。

　次に教員の負担がとても大きい状況です。先に述べたように，進路指導の担当教師は汗水たらして，企業にとびこみで職場開拓をしている人がたくさんいます。かつ授業を持たなくちゃいけない場合があり，非常に大変な仕事です。

　よって，学校側からみると，卒業後にフォローしてくれる機関が必要とされています。アフターケアをしてくれる第三者的機関を設置してほしい，第三者的機関とは，ハローワークと学校と家庭と福祉の連絡協議会とか，就労だけではなく一般生活とかを含めて雇用の地域支援センターといったものを設置してほしいということです（図10-13）。

　卒業後指導で連携をとっている機関は図10-14に示すように第一がハローワーク（公共職業安定所），その次は福祉事務所，そして職業センターとなっています。ハローワークに関しては職場開拓にはあまり期待されておらず，定期的な連絡会とか助成金などに期待が強いようです。

　さらに，これから必要な関

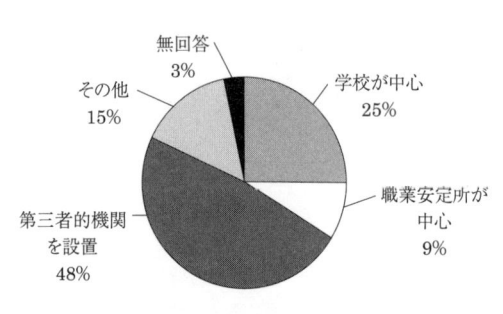

図10-13　今後の望ましい卒業後指導のあり方
（全国特殊学校長会，1999）

- 学校が中心　25％
- 職業安定所が中心　9％
- 第三者的機関を設置　48％
- その他　15％
- 無回答　3％

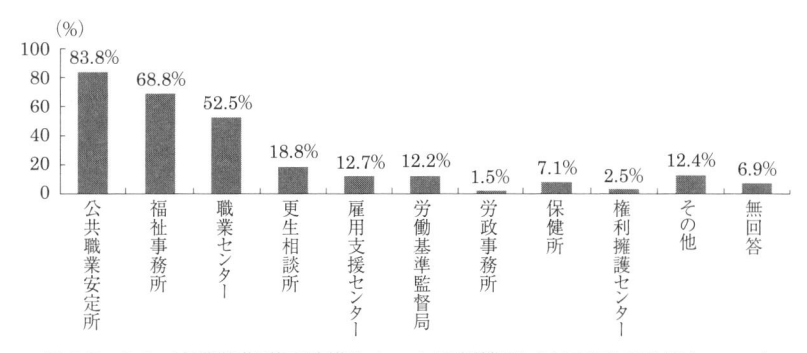

第10章 社会的自立をめざした障害児者教育

図10-14 卒業後指導で連携をとった関係機関（全国特殊学校長会，1999）

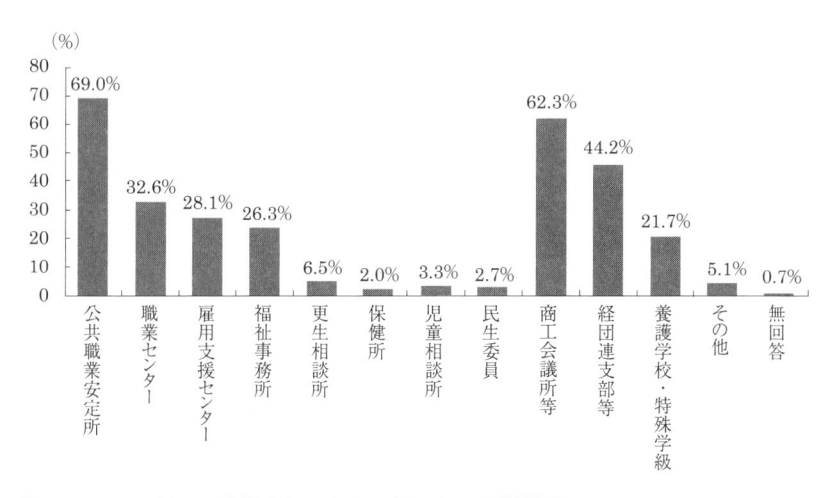

公共職業安定所 83.8%
福祉事務所 68.8%
職業センター 52.5%
更生相談所 18.8%
雇用支援センター 12.7%
労働基準監督局 12.2%
労政事務所 1.5%
保健所 7.1%
権利擁護センター 2.5%
その他 12.4%
無回答 6.9%

図10-15 新しい職場開拓のために深めたい関係機関（全国特殊学校長会，1999）

公共職業安定所 69.0%
職業センター 32.6%
雇用支援センター 28.1%
福祉事務所 26.3%
更生相談所 6.5%
保健所 2.0%
児童相談所 3.3%
民生委員 2.7%
商工会議所等 62.3%
経団連支部等 44.2%
養護学校・特殊学級 21.7%
その他 5.1%
無回答 0.7%

係機関とはどういうところかという質問に対しては，就職が難しいなか職場開拓が期待できるところとなり，商工会議所や経団連支部など実際に一般企業と関係している機関があげられています（図10-15）。

3）学校内における職業教育

学校内の職業学科とか職業コースについてどう思うかという質問に対しては，図10-16をみると，約55%の教師が「拡充が必要」と考えています。

しかしながら、職業コースにおける作業種目については再考する必要があります。図10-17によると、知的特別支援学校における作業学習の種目で一番多いのは陶芸となっています。愛知県などは常滑焼とか多治見焼とか、実際に陶芸で就職できる場所があり、滋賀県の信楽焼なども有名です。ところが、東京では陶芸の実習をしてもその職種で就職できるかというとどうでしょうか。

次に木工ですが、徳島県では木工での就職が多いといわれています（隣県の香川県だと讃岐うどんが有名なのでそれに関する職種も多いでしょう。このように随分と地域差があるわけです）。3番めが農耕ですが、もし学校が東京の渋谷や新宿にある特別支援学校だったら農耕のために土地を探すのも大変なことになります。次に縫製工業、つまりミシンかけとなっています。この4種が学校での作業職種のウエイトを占めています。実際の職場開拓における企業の職種とかなり開きがあるため、今後考えていかなくてはならない課題です。

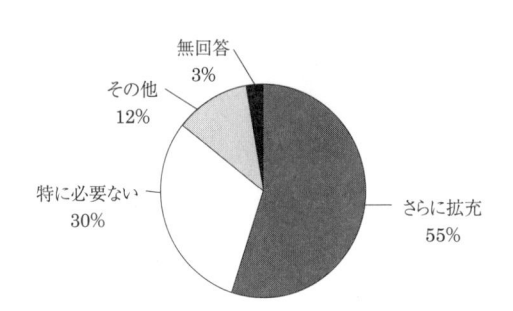

図10-16　職業学科・コース制について
（全国特殊学校長会，1999）

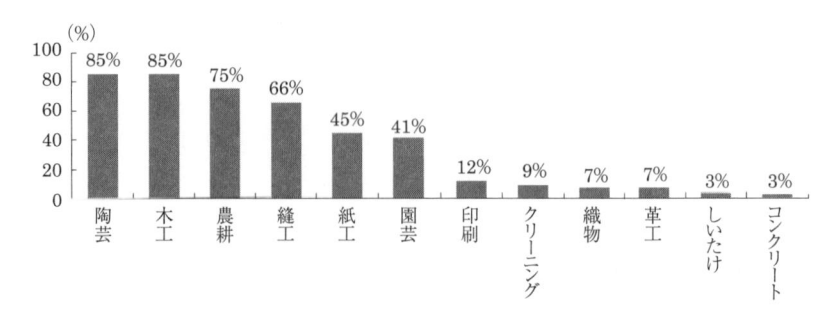

さらに拡充 55%
特に必要ない 30%
その他 12%
無回答 3%

図10-17　作業学習の作業種目とその実施率（作業時間の平均は7～8時間）
（全国特殊学校長会，1999）

陶芸 85%　木工 85%　農耕 75%　縫工 66%　紙工 45%　園芸 41%　印刷 12%　クリーニング 9%　織物 7%　革工 7%　しいたけ 3%　コンクリート 3%

第3節 職業的自立へ向けての解決法
——IEP, ITP, そして IPE をめざして

1 はじめに

　従来，わが国の障害児者に対する指導では，個々の長所や特性に合わせた指導・教育ではなく，発達年齢を重視した指導が行われてきました。具体的にいうと，運動能力を向上させようとしたり，指先の巧緻性を高めようとすることによって，日常生活に応用させていこうとしていたのです。このような指導は，どのような子どもも一律に発達段階を順序立てて一歩一歩進めていくような指導となり，うまくその指導に適応できた場合はいいのですが，子どもによっては思ったように発達が進まなかったり，またその指導と現実生活とが乖離し，将来自立した生活を行うこととつながらない場合も生じています。

　その結果，ある特別支援学校小学部に在籍していた保護者が，卒業する時点で「この特別支援学校では，わが子にあった教育を受けられないから」と別の施設へ移したり，高等部卒業時に「わが子に本当にあった教育は受けられなかった」といった厳しい保護者の報告がなされています。

　また，同じ障害のある子であってもその能力やニーズは所属する環境によって異なるのは当然のことです。

　そのような状況から，ひとりひとりの子どもの生活年齢を重視し，現段階で必要とされるスキルを獲得することをめざし，実社会に適応させていくことが重要視されるようになりました。

　アメリカでは，このような個別のニーズや能力に合わせて，最適な指導を行うことが障害児教育に適していることが認められ，1975年に全障害児教育法が制定され，IEP（Individualized Educational Plan：個別教育計画）が実施されるようになったのです。

　また，障害のある子どもも成長とともに学校卒業後のことを考えねばならない時期が来ます。そのため，1990年にはIEPの中に青年期の自立計画につながるITP（Individualized Transition Plan：個別移行計画）が示されるようになり

ました。

さらに，青年期に達した障害者のためには，職業的自立を目標とする IWRP（Individualized Written Rehabilitation Plan：個別リハビリテーション計画，現 IPE）が 1973 年にリハビリテーション法に盛り込まれ，1992 年には IWRP の中に ITP の実行が明記されるようになりました。

これによって，幼児期から成人期までの一貫した個別指導計画が実施されることになったわけです。

以下に障害児教育における IEP から将来の就労をめざすための ITP，そして成人期の IPE（Individualized Plan of Employment：個別就労計画）についてその概略を紹介します。

2　IEP（個別教育計画）とは

アメリカ合衆国における障害児教育では，従来障害児の約半数が適切な教育サービスを受けられなかったり，800 万人の障害児のうち約 100 万人が公の学校教育体系から排除されたりしていました。そのような課題を改善すべく，1975 年 11 月に全障害児教育法が制定されたわけです。全障害児教育法では，3 歳から 21 歳までのすべての障害児に無償の適切な公教育を提供することを州および地方の教育機関に要求しています。IEP とは，その全障害児教育法に定められている文書のことであり，州によって若干の差異はありますが，おおむね表 10-1 のような内容が盛り込まれています。

この IEP が従来の障害児教育と異なるのは，サービスを受ける障害児童生徒中心のプログラムであるということです。この発想は，青年期に達した障害者が就労をめざす際に受けるサービスのひとつである援助付き就労（Supported Employment）にも共通するものであり，障害のある人がサービスを消費する者，利用する者として位置づけられています。

3　ITP（個別移行計画）とは

学校卒業後の活動，たとえば大学や専門学校などの高等教育，職業訓練，一

表 10-1　IEP に盛り込まれている内容

(1) 開始時における障害児童生徒の教育レベルを明記する
(2) 当該年度における年間目標，および短期の指導目標を明記する
(3) 障害児が受ける特殊教育あるいはそれに関連する特別援助を明確にする
(4) 普通教育のプログラムへの参加の程度を示す
(5) 援助の開始予定と予想される期間を示す
(6) 短期目標の達成に関しては，適切な目標，評価手続きを，指導計画1年以上にわたって明確にしておく
(7) 最低年1回は，指導目標が達成されたかどうかの再評価を行う

般雇用，自立生活，地域参加などの活動を促進するような移行サービスについて，IEP の中で計画していくものを ITP（個別移行計画）と呼びます。その中心は学校から職場への移行を具体化する計画です。

ITP を進めるうえで，把握しておかなければならないポイントは以下のとおりです。

(1) どこに誰と住みたいか？
(2) どんな仕事をしたいか？
(3) どんな訓練が必要か？
(4) 医療ケアなど必要なコミュニティサービスをどのようにして得るのか？

これらについて，利用者本人および保護者と相談を重ねていくことになります。

また，表10-2 に ITP を策定する際に留意しなければならない点を示します。

ITP は，卒業後の就労に結びつけるために実施される学校在学中の個別教育計画の一部ですが，1992年のリハビリテーション法の改正により，IPE の中にも明記することになりました。表10-3 に ITP を作る際のひとつのモデルを示しておきます。

4　IPE（個別就労計画）とは

IEP が全障害児教育法によって定められたものとすると，その2年前の

表 10-2　ITP 策定における留意点

(1)　21 歳後あるいは卒業後の教育，雇用，地域生活に関する計画が障害生徒と家族の選択，参加により作成される
(2)　計画は保護者にきちんと周知されていること
(3)　計画は年単位のゴールとその達成に向けた細かいステップを記載する
(4)　責任者を明確にしておく
(5)　卒業予定の 5 年前～7 年前から計画する
(6)　計画は IEP の一部である
(7)　特殊教育教諭，職業カウンセラー，施設職員，職業訓練校教師など関係スタッフとの連携を図る
(8)　計画書は利用者や家族にわかりやすいものとする
(9)　10 歳～11 歳くらいから職業訓練を開始する
(10)　利用者個人を中心とした計画をする

1973 年に IPE はリハビリテーション法によって定められた青年に達した障害のある人のための個別就労計画のことで，従来は IWRP と呼ばれていたものです。

　個別就労計画も IEP や ITP と同様，利用者の要望を考慮して計画しますが，カリキュラムを作成するのは教師ではなく，職業リハビリテーションカウンセラーが利用者や保護者とともに行います。この IPE に盛り込まれている具体的内容を表 10-4 に，また IPE で使用される基本的フォームのモデルを表 10-5 に示します。

　この IPE によって，個別教育計画（IEP），個別移行計画（ITP），個別就労計画（IPE）が図 10-18 のように縦のラインとして整備され，学校に就学してから卒業後の職業的自立までの一貫したサービスが実施されるようになりました。

5　まとめ

　IEP，ITP，IPE はいずれも障害のある子どもや成人の個別のニーズに従って具体的に計画されたものです。とりわけ IPE は就労の場で使用される個別の指導計画です。IEP，ITP，IPE はその年齢により具体的な目的は異なって

表 10-3　ある学習障害児の ITP フォーム（Wehman, 1995）

ITP（個別移行計画）フォーム
生徒氏名：スティーブ（16歳，男子）ミドルトン中学校在学中　情緒的障害あり，6歳で実母に捨てられ大人を信用していない。学力も低い。
ITP ミーティング参加者：本人，養母，養父，担任教師，リハビリテーションカウンセラー，職業クラス教師

		長期目標	現在のレベル	短期目標	責任者
職業・高等教育	1. 就労	援助付き雇用を得る。	働くことに興味がない。意味のある職種が見つからない。	実際の職場場面でのつまずき評価。リハビリテーション局のサービスを受ける。	担任教師，本人，リハビリテーションカウンセラー
	2. 職業教育	職場見学をし，働くことに興味をもつ。	学力が低く意欲がない。職業に就くことの大切さがわからない。給料を嬉しいと思わない。	9カ所の職場訪問をし，さらに月に1人ずつ異なる職業人と会い，仕事の楽しさを話してもらう。中学の担任と高校で担任となる予定の教師が連携する。	担任教師，職業クラス教師，本人
	3. 高等教育	なし。			
余暇・レジャー	1. 余暇・レジャー	自分の趣味をもつ。	個人的に興味をもっているものがない。	アウトドア，スポーツ，映画，コンサートなどに一緒に出かける。	養父母，本人
	2. 社会・社交性	学校でメンタルフレンドや教師を利用する。	不良グループとかかわっている。	メンタルフレンドと教師に毎週会い，友達や悩みについて話す。カウンセラーがメンタルフレンドを選ぶ。	担任教師，本人，リハビリテーションカウンセラー
自立生活	1. 日常生活	家事の分担と金銭管理をする。	家事をしなくてもお小遣いをもらっている。	貯金をし，残高を管理する。家事の分担を決める。	本人，養父母
	2. 移動	スクールバスに失敗せずに乗る。	スクールバスに乗るのに失敗する度，親が学校へ送っている。	バスの時刻と経路を読みとる。	養父母，本人，担任教師
	3. 経済活動	自宅で家事を手伝い，お小遣いを得る。	親と教師は洋服やゲーム代は自分で稼ぐべきと考えている。	両親と約束をして，貯めたお金で洋服やゲーム代とする。	養父母，本人，担任教師
	4. 健康・安全	薬物乱用のおそろしさと法制度について理解する。	不法薬物を乱用する生徒たちと一緒にいるところを発見された。	裁判と留置所を見学する。薬物予防プログラムに参加する。	本人，担任教師，精神衛生ケースマネージャー
	5. 自己擁護	仲間からの悪い誘いを断る。	仲間からの誘いを断れない。	毎週，専門のカウンセラーに会い，アドバイスを受ける。他の活動への積極的参加。	本人，担任教師

表10-4　IPEの内容

(1) 本人の能力，個性，得意分野に適した雇用目標を立てる
(2) 評価にもとづく就労援助の長期目標を立てる
(3) 長期目標を達成するための中期目標を立てる
(4) 具体的な就労援助サービスを開始する時期と終了予定時期を示す
(5) 就労援助に必要な関係機関やジョブコーチを示す
(6) 以上の計画内容について利用者，保護者の合意を得る

IEP　　　　　　　　　　IWRP

1975：全障害児教育法（EAHCA）　　1973：リハビリテーション法

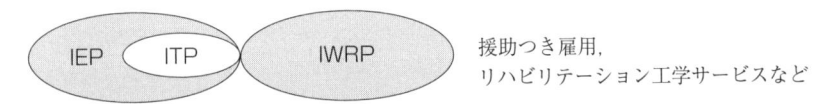

IEP　ITP　　IWRP　　援助つき雇用，
　　　　　　　　　　　　リハビリテーション工学サービスなど

1990：個別障害者教育法（IDEA）　　1986：リハビリテーション法改正

IEP　ITP　IPE　　← 1997年の改正により
　　　　　　　　　　名称変更
　　　　　　　　　　（Individualized Plan of Employment）

1992：リハビリテーション法改正

個別教育計画　　個別移行計画　　個別就労計画

図10-18　個別教育計画（IEP），個別移行計画（ITP），個別就労計画（IPE）の関係

いても，個別指導プログラムの作成手続きは表10-6のようにほとんど同じです。また，それぞれに共通な指導内容として，表10-7のような内容が示されています。

　つまり，障害のある人たちが隔離された場所で生活することなく，地域で普通に暮らしていけることを目的としているのです。これは，障害のある子どもは障害児学校に通い，成人になると施設で暮らすといった従来の医療モデルから，自分のニーズや能力に合った地域での社会生活を営む利用者中心モデルに変化してきたことを意味します。

第10章 社会的自立をめざした障害児者教育

表10-5 個別就労計画（IPE）の例 (八重田淳, 1999)

名前：シャーリー・スティード　　ケース番号：VR144　　社会保障番号：494-522-5545
住所：Johnson, Arkansas
計画の種類：継続的評価　　　□原版　　□改訂版

リハビリテーションサービス計画

1. 雇用目標：保険事務員；　コード番号：219.362-034

2. 計画策定を正当化する理由

   a. 職業的障害：肺気腫による活動制限。通勤を容易に（階段昇降を避ける等）。怒張静脈ゆえに、一定の座位および立位を避けること。現在の心身障害では一日5時間以上の労働（訓練）は困難。ストレスが心配や抑鬱を助長するため、仕事の販売業務や委任業務を避ける。職場には、匂い、煙、アレルギー抗原のないように。

   b. 雇用目標：保険事務員。カウンセリングおよび医療サービスによって、事務職をこなすだけのスタミナの能力を獲得する。高卒同等レベルの学力試験に3年前に合格。GATB知能指数は、平均以上。最高点は、口頭表現力。本人の興味は以前から保険事務員だが、技術向上のための短期職業訓練が必要。

   c. 経済状況：訓練期間中は生計費が必要。

3. 具体的サービス

財源
リハ機関　クライエント　その他

   a. 診断的評価
   ・身体障害に関する内科医検診　　　　　　　○
   ・心理障害に関する臨床心理士の検査　　　　○
   ・職能評価士による職業評価　　　　　　　　○

   b. カウンセリングとガイダンス
   ・個別カウンセリング…○○精神保健センター
      目標：抑鬱症状の減少…抑鬱なしで60日無欠勤　　○
      （10/17～12/17まで）
   ・カウンセリング…リハカウンセラー
      目標：クライエントが個別就労計画の各段階を　　○
      遂行できるよう援助し、就労させる
   ・家族カウンセリング…○○精神保健センター
      目標：1/1までに15歳の息子との口論を　　○
      週5回以下に減らす
      目標：息子の高校卒業を5月に、　　○
      海軍学校入学を12月入学に

   c. 訓練
   ・保険事務員の訓練…△△ビジネス学校　　　　○
      目標：9/1までに保険事務訓練終了

表10-5 個別就労計画（IPE）の例（つづき）

d. 機能回復訓練
　・医療サービス…××リハセンター
　　　目標：肺気腫と気管支炎治療・経過チェック
　　　　　　60日で病欠は2日までにおさえる。　○
　　　　　　（10/17〜12/17）

e. 訓練教材
　・教科書と訓練用具の購入
　　　目標：職業訓練への参加　　　　　　　　　○

f. 生計費と交通費
　・ビジネス学校とリハセンターへの交通費
　　および訓練中の生計費
　　　目標：クライエントが訓練・医療サービスを
　　　　　　利用できるようにする　　　　　　　○

g. 福祉用具，リハビリテーション器具，資格

h. 職業紹介（職場斡旋とフォローアップ）

i. その他

4. クライエントの業務
　・リハビリテーション訓練プログラムへの報告
　・保険事務訓練の終了
　・事務職への求職

5. 空欄に名前のイニシャルを入れてください。

　____私は，個別就労計画に記載された雇用目標，各目標，サービスに同意し，私のカウンセラーと共同で本計画を策定しました。

　____私は，サービス計画に参加しましたが，この個別就労計画には同意しません。

備考：

_____

クライエント署名：_____　年月日：_____

カウンセラー署名：_____　年月日：_____

第10章 社会的自立をめざした障害児者教育

表10-6 個別指導の手続き

(1) ひとりひとりの領域／環境ごとの指導目標の一覧を示す
(2) ひとりひとりの指導目標の優先順位,指導期間・時間を示す
(3) 施設・作業所・職業訓練機関等の週,月,年間計画を示す
(4) ひとりひとりの週,月,年間計画を示す
(5) チェックリストによる確認を行う

表10-7 個別指導の内容

(1) 系統的カリキュラムを組むこと
(2) 指導に所内の人間以外の意見を入れること
(3) 多様な機関や職種の人の意見の調整をすること
(4) 普通の集団に参加する機会を保証すること

このように,早期から障害のある児童生徒である利用者,また保護者の意見を採り入れた一貫した個別指導計画がなされることにより,青年期に達した障害のある利用者の職業的自立がスムーズに図られるものと考えます。

Column 9　吉田松陰の松下村塾とIEP

　幕末の志士吉田松陰はとても勉強家で，世界のことを知ろうと折からやってきたペリーの黒船に乗り込もうとしました。しかし，失敗し罪人として萩に幽閉されているときに，後の明治維新の立て役者となる数々の弟子を育てました。

　その中におもしろい逸話があります。後に竜虎と呼ばれるほどになる高杉晋作と久坂玄瑞に対する指導ですが，晋作は当時暴れん坊で手のつけられない悪ガキで，かたや玄瑞は医者の息子として勉学に励んでいました。晋作は2つ年下の玄瑞にコンプレックスがあり，晋作の天分を見抜いた松陰はそのコンプレックスをうまく利用したのでした。

　松陰は晋作の前では何かと玄瑞をほめあげ，「玄瑞は秀才だ」という声を松陰の口から聞かされることにより，負けん気の強い晋作を刺激し，猛勉強させ，1年もたたないうちに晋作の能力を開花させたそうです。

　松陰はまた，弟子の身分にこだわりをもたなかったため，弟子の学力にばらつきがありました。読み書きのできない弟子には文字を教え，知識豊富な弟子には論語や孟子を教えるなど，その人の能力に応じた指導を行ったのでした。

　これは，あたかも障害児教育におけるIEP（個別教育計画）と同じですね。

　人はみな能力や興味に違いがあり，また環境も異なるわけです。よって，先に形ありきの型はめ教育を行うと，その型から逸脱することを問題と考えるようになってしまいます。個人のパーソナリティを尊重する教育というのがなされる時代が早く来てほしいものですね。

第11章
環境からのアプローチ

第1節　はじめに

　もし私たち人間が山の中で道に迷い，道を探していたところ，下は絶壁になっている崖にたどりついたとします。向こうの崖まで渡ることができたら，すぐにふもとに行くことができるのに，いかんせん羽のない人間はどうすることもできません。

　もし，簡単に飛ぶことができる人が一般的であったら，飛べない人はマイノリティ（少数の人たち）とみなされてしまいます。しかし，そのマイノリティの人たちでさえ，向こうの山までの橋があれば渡ることができます。

　もうひとつたとえ話をしましょう。私の大学で学生たちに「視覚障害」の授業をしている際に，「眼鏡やコンタクトがなくて視力が0.3未満の人は手を挙げて」と言うと，驚くことに約8割から9割近くの学生が手を挙げました。眼鏡やコンタクトがなかったら視覚障害としての基準を満たしていることになります。しかし，眼鏡やコンタクトによって視力を矯正することはほとんど抵抗がないのに，補聴器によって聴力を矯正している人には違和感を感じる人が多くいます。

　このように，多数の人が普通であるといった感覚には，少数の人にとって普通ではないことが多いのです。眼鏡だって，補聴器だって，橋だってできないことをできるように補助する道具です。けっして聞こえない耳を聞こえようとしたり，空を飛べないのに飛ぶように訓練させたり，見えづらい目を見えるよ

うに努力させたりしているわけではありません。

　しかしながら、聴覚特別支援学校では未だ手話を中心とした指導をするところは少なく、残存聴力を高める訓練を主体としているところが多いのではないでしょうか。また、言葉でのコミュニケーションが不得手な自閉症児者に対しても、言葉の指導に固執している学校、教師が多い状況です。

　そのような指導のすべてが悪いわけではありません。そういった教育や指導・訓練によって成長がみられる可能性がある場合には必要な指導だと思われます。しかし、どの子どもにも同じような指導が正しいわけではないことも事実です。

　このように障害児の能力を健常児に近づけようとする発想だけではなく、眼鏡や補聴器、橋などのまわりの環境を改善することによるアプローチも必要な指導と考えます。

　障害のある人たちは、個人によりその能力や特性が異なるため、その個人に応じた指導教育が必要であることを主張しているわけです。

第2節　個人の能力向上から、環境との相互作用において必要なスキルの獲得へ

　私たちは赤ん坊のとき、自分で歩くことができないため、両親に抱っこやおんぶをしてもらったり、ベビーカーなどで移動していました。成長するにつれて、届かないものをとってもらったり、難しいことを説明してもらったりしたはずです。成人してからはかなりの部分を自分でこなせるようになりましたが、完璧ではありません。外国に行き、その国の言葉が理解できなかったら、ある意味では言語障害であるともいえますし、一次的なけがや病気で手や足を使えなかったり身体がいうことをきかなかったりすれば、その時点では運動障害となります。そして、誰でも年を取るにつれ、視力が落ち、聴力が落ち、うまく歩くことができなくなる可能性があり、その際に眼鏡や補聴器、杖などを使うことになるかもしれません。

このように，自分ひとりだけでは社会生活に困難を示す場合，いろいろな環境からの支援があればかなりの部分，支障がなくなります。第1章で述べたように，弱視の人たちは，眼鏡や単眼鏡，弱視レンズ，拡大読書器などによってさまざまな文字を読むことができるようになります。盲の人の場合は，点字のほかにレーズライターやプタコン，歩行には白杖や盲導犬などが使えます。これらはその環境に応じて必要な道具を使用すればいいわけです。難聴者であれば補聴器，聾者であればコミュニケーションにおける手話や指文字，筆談，運動障害者であれば車椅子などが，その支援方法や補助手段となります。

しかし，このような道具を使う場合，その道具が使用できるような環境の整備も大切です。次頁にも述べる村田稔さんの『車イスから見た街』で書かれているように，車椅子で外出可能であっても，歩道橋や階段などの段差が多かったらせっかくの車椅子も機能しません。車椅子の人たちへの対応が以前に比べて充実してきたといっても，駐車場やトイレのように健常者のマナー違反によって不便を被っている人たちはたくさんいます。

それ以上に難しいのが自閉症や知的障害などのように，見ただけでは何をどのように援助したらいいのかわからない場合です。自閉症児者に対して，言葉で指導しようとしても，その言葉の意味がわからない場合，絵やカードによればコミュニケーションが可能となります。

相手を理解して，そしてそのおかれている環境との相互作用によって指導や対応を考えていくべき時代となってきているのです。

第3節　物理的な環境整備から心のバリアフリーへ

1　心のバリアフリーをめざして

障害のある人たちと接触の多い職業ならともかく，障害のある人と接触が少ない場合，何がどのように問題となるのかわかりません。

眼鏡や補聴器のように物理的な道具によってかなりの部分障害が軽減されますが，成人期以降の社会参加を考える場合どのような対応をすればいいので

しょうか。これを解決するには，物理的なバリアフリーだけではない健常者側の障害者への理解，いわゆる心のバリアフリーが望まれます。

　その具体的方策として，健常者が手話を覚えて積極的に聴覚障害者とコミュニケーションをとったり，街で見かけた視覚障害者に対し，気軽に声をかけて誘導してあげたり，坂や段差のある道に対して必要がある場合車椅子を押してあげたりすることなどがあげられます。

　しかし，これも無理強いは禁物です。相手が自分でできるような状況であれば何も手伝う必要はありません。一般に日本人は必要とするときに援助をしてくれず，必要がないときに援助をしようとするといわれていますが，これも障害のある人たちの特性や心理を知ることにより，徐々に改善されていくことでしょう。

　そういった心のバリアフリーは，大人になってから教育をしても，なかなか身につきません。子どものころからの教育によって，自然に身につけていく必要があるでしょう。

2　健常児者に対する障害児教育・理解・啓発
1）普通学校における障害児教育

　厚生労働省の調査では，視覚，聴覚・言語，運動，内部などの身体障害児者の総数は366万人，知的障害児者は54.7万人，精神障害者は約323万人となっています。これらを合計するとわが国の障害児者数は746万人となり，このほかに手帳を取得していない人たちや，学習障害（LD），注意欠陥多動性障害（ADHD），病弱児者などを合わせると1,500万人を超すという説もあります。1,500万人というと，10人に1人以上は障害のある人となり，となると社会には数多くの障害者が健常者と生活していることになります。

　『車イスから見た街』という本を書かれた弁護士の村田稔さんは著書の中で次のようなことを述べられています。街で「みんなの街です。きれいにしましょう」と書かれている張り紙を見たとき，「みんなの街？　それは違う。この街は目に障害がなく，耳に障害がなく，身体に障害がなく，知的に障害がな

い人たちの街だ。何故なら，車椅子を使用している私は道路を横切ろうと思っても近くには歩道橋しかなく，車椅子の自分はどうすることもできない。これは車椅子の人がいるということを考えた街づくりではない」と。

このように，障害のある人のことを理解していないと，健常者だけの発想で街づくりをしてしまっていることになってしまうのです。これは，健常児者と呼ばれる人たちが小さい頃から障害のある人たちと頻繁に接触していれば違った発想になることを意味しています。

視覚障害児とふだん接触している人は，駅前の点字ブロック上に自転車を無造作に置いたり，音が出る信号機をうるさいと感じたりしないでしょう。聴覚障害児と接触していれば，相手が何を知ろうとしているのか，相手にどのように伝えなければいけないかを考えると，自然と身ぶり手ぶりによるコミュニケーションを図ったり，手話を覚えようとするかもしれません。さらに，身体に障害がある友達がいたとしたら，『五体不満足』に出てきた乙武さんの友人のように，その人に応じた自然な援助ができるはずです。

これは，何も障害児を強引に健常児の学級に統合するということを意味しているわけではありません。障害児教育の発想をもう少し柔軟に変えていくことを主張したいのです。

障害児教育というと，特別支援学校および特別支援学級などで行われるのが一般的ですが，それは障害のある児童生徒に対する直接的な教育を意味します。

そういった狭い意味での障害児教育だけではなく，健常児者を含めた広い意味での障害児者教育が必要だと考えるのです。

なぜなら，障害のある人たちについての情報提供を小さい頃からの学校教育で行うことにより，将来社会参加をしていく障害のある人たちが違和感なく，健常者と交わることができると思われるからです。

2）絵本，物語，道徳，体験，交流教育を通して

それでは普通学校，普通学級においてどのような指導を行ったらいいのでしょうか。いくつかの方法が考えられますが，そのいくつかを示します。

a　絵本，物語による教育　　幼児期，学童期前期には学校で紙芝居や絵本

による指導が可能です。『さっちゃんのまほうのて』が代表するように，障害児をモデルとした絵本は数多く出版されています。このような絵本や物語を読み聞かせることで，自分とは異なる身体をした子どもがいるということを紹介することによって，その後障害のある子どもと出会ったときにも違和感が少なくなると考えます。

　b　道徳教育　　障害のある人の歴史などを読んで聞かせ，それぞれの子どもがどのような印象や考えをもっているかの話し合いをもつことにより，ほかの子どもたちの考えを知り，自分の考えもまとまっていくものと思われます。この場合，教師はこれがいいとかこれは悪いとかの結論を出すのではなく，あくまでも児童生徒の考えを自分で整理できるような援助をするにとどめておきます。このような発想は教えられるべきものではなく，自分で考えて心を育てるものとなるからです。

　c　体験学習における教育　　生まれてからずっと健常である子どもには，目が見えないとか立つことができないなどといったイメージはわからないものです。そこで，視覚障害の場合はアイマスクをして教室内，あるいは学校内を歩いてみることにより，その疑似体験ができます。また，車椅子に乗ってみて，トイレや図書室などに行ってみると，どれだけ大変かが理解できます。このような体験学習は，今まで未経験であったことを経験するため，とてもインパクトの強いものとなるでしょう。

　d　交流教育　　最もいい経験は，特別支援学校あるいは特別支援学級にいる児童生徒といっしょにスポーツや遊びを体験してみることです。そして障害のある子どもたちがどのような手段で学校や家庭，さらには社会で適応していこうと努力しているのかを目の当たりにすることにより，援助の必要性あるいは不必要性が理解できるようになるものと思われます。

　近い将来，障害のある人たちが健常者と同じ職場でいっしょに働くようになる時代が必ずやってきます。そのときになってどのような対応をしたらいいのかとまどわないために，健常児に早期から障害児教育を行うことによって，健常者，障害者双方に自然な対応ができるようにしたいものです。

第11章　環境からのアプローチ

　このように，障害児者教育は障害児者を対象とするだけといった狭い発想ではなく，障害児者教育はすべての人たちに必要な教育と考えるべき時代になってきているのではないでしょうか。

Column 10

とべないホタル

　もと小学校の先生をされていた小沢昭巳さんが，学校内でのいじめに対する対応策として子どもたちに読んで聞かせようとして書かれた童話に『とべないホタル』があります。
　この本の中には，とべないホタルのほかに目の見えないホタル，光れないホタルなど身体のどこかに傷を負っているホタルが，それぞれが思いやりをもち，励まし合いながら生きていく姿が描かれています。
　小さい子どもたちには，実際の障害のことはわからなくても，このような絵本によってハンディをかかえる人たちのことを少しでもわかるようになれば，成長しても思いやりのある大人に育っていけるのではないかと期待します。
　この他に『さっちゃんのまほうのて』『はせがわくんきらいや』なども好著です。

第12章
青年期以降の障害児者へのアプローチ
──職業的自立をめざして

第1節　特別支援学校進路指導担当者のキャリア教育研修

　全国特別支援学校長会の調査によると，特別支援学校では，進路担当教師の資質の向上をめざすため，進路担当教師には職業カウンセラーの資格が必要であるとの意見が出されています。これは，特別支援学校の教師が就労に対する専門知識がないため生徒の職業適性を見極めることが難しく，その結果適切な進路指導をしていないのではないかという不安から来ているものと考えられます。

　この職業や進路における専門性とは，単なる職業適性検査ができる云々ではなく，問題が起きたときの解決法や職場開拓のノウハウなども含まれると思われます。となると，職業カウンセラーというよりは，もっと広範囲な就労支援の役割を果たす就労支援の専門家を望んでいることになります。

　アメリカでは，従来の職業リハビリテーションの方法について，1986年にリハビリテーション法の一部が改正されました。その中身は，就職前にいくら職業的な訓練をしても実際の職場では応用できず，失敗を繰り返していた障害のある人たちに対し，それなら先に就職をさせ，その職場でサポートしたほうが職業的な能力が身につくのではないかという発想で支援が始まったのでした。その支援を援助付き就労（Supported Employment）といいます。

　援助付き就労は，作業所や授産施設などの福祉的就労ではなく，賃金法によって給料が支払われる就労であり，福祉工場などのように障害のある人たちばかりが集まって働いているのではなく，健常者と障害のある人たちが統合さ

れた環境で働くことを目的としています。対象者は，障害のために働いたことがなかった人や就労してもすぐにだめになってしまっていた人たちで，長期的な支援を必要とするいわゆる職業的に重度の障害者です。

　この援助付き就労が始まったのは1986年ですが，そのときの対象者はわずか9,000名弱でした。しかしながら，1997年には約15万人を超すほどになっています。

　実際に職場で支援を行うジョブコーチの主な役割は，職場で障害のある利用者といっしょに働き，仕事を覚えるにつれて徐々に援助を減らしていき，利用者を一人前の労働者に育てあげることですが，そのために利用者の職業能力を評価したり，利用者に合う職場開拓を行ったり，その職場において上司や同僚と利用者のコーディネーターになったりしなければならず，かなり専門的な仕事となります。

　ジョブコーチの中には，実際の職場での指導に課題分析などの応用行動分析的手法を用いる高度な専門知識を有している人もいます（小川浩，1993参照）。

　特別支援学校の進路指導担当教師が，このような専門的知識のすべてを身につける必要はありませんが，精神論や経験論で指導するような従来の方法ではなく，基本的な指導技法くらいはマスターしておいた方が障害のある人たちにとって役に立つことになるでしょう。

第2節　障害児者理解に対する企業への啓発

　障害者雇用においては，図12-1のように年々増加を示しています。雇用されている障害者は，脊髄損傷者などの運動障害者の数が多いようです。

　脊髄損傷者などの運動障害者は見てすぐに障害部位がわかるため，企業から見てもわかりやすい障害といえるでしょう。よって，脊髄損傷者の場合は，車椅子による移動の問題やトイレなどの改造により職業的なハンディキャップはかなり軽減され，企業からも求人の対象となっています。

　しかしながら，知的障害や自閉症，学習障害，てんかんなどがある人たちは

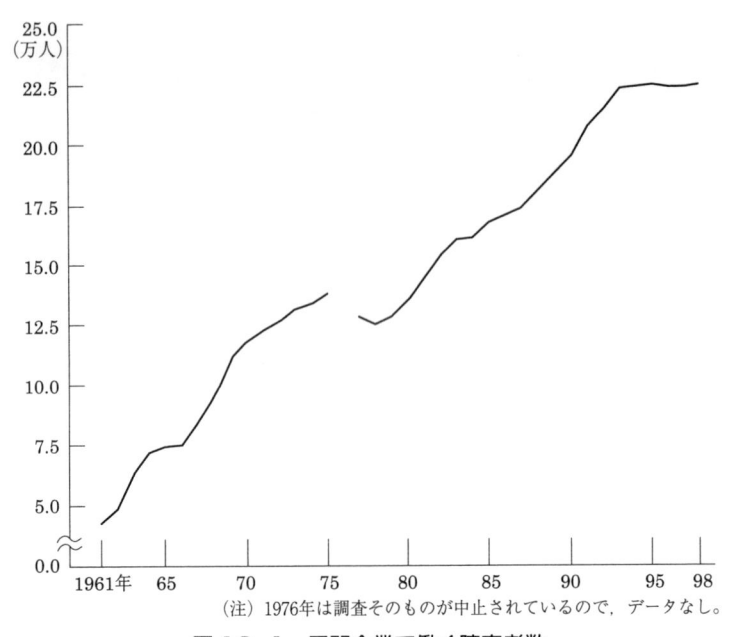

図 12-1　民間企業で働く障害者数
(旧労働省調べ；朝日新聞日曜版, 1999年10月31日より作成)

(注) 1976年は調査そのものが中止されているので，データなし。

見た目でどこがどのような障害なのか理解されにくいため，企業は，雇用に二の足を踏んでいる状態です。

　私が以前企業に対して行った「自閉症の認識度調査」では，企業は自閉症に対して誤った認識をしていました。

　第7章の自閉症のところで述べたように，自閉症は脳の障害ですが，企業は表12-1に示すように相変わらず自閉症＝心の障害ととらえていることがわかります。

　また，学習障害についても同様で，学校の勉強ができない学業不振児や知的障害との違いは理解されにくいものと思われます。

　よって，企業に対して障害のある人を理解してもらう必要があります。その方法としては，自閉症や学習障害，てんかんなどのパンフレットを作って企業の人事の人やいっしょに働く人たちに読んでもらうのもいいでしょう。また，

第 12 章 青年期以降の障害児者へのアプローチ

表 12-1 企業が考える自閉症者雇用上の問題点（梅永，1999b）

(1) 会話ができない
(2) 自閉症は障害として認識されていない
(3) 何を考えているのかわからないから，指導のしようがない
(4) 人を嫌う
(5) 自分が気に入らないことがあったら，欠勤する可能性がある
(6) 知的障害者とは異なり，環境によって障害を乗り越えることができる
(7) 集団生活，仕事の理解がない
(8) チームワークが保てない
(9) 自分だけの世界になってしまう
(10) 気持ちの起伏が大きく，落ち込んだらなかなか立ち直れない
(11) 心に問題があるので，知的障害者よりは扱いがデリケートになる
(12) 心を開かせるために，職場の雰囲気作りを必要とする
(13) 人間関係が原因で自閉症となる
(14) 勉学，仕事，人間関係の失敗から起こる
(15) 治癒する可能性を念頭において活用
(16) 治る，治すという前提で，職場環境，人的環境に留意する
(17) 自閉症を治すことも雇用の目的

障害者職業カウンセラーや進路指導教師が企業に出向いて，障害の特性や指導法を説明してもいいでしょう。さらに，テレビや新聞等のマスコミによる啓発も役に立つものと思われます。

このように，障害のある人たちにだけ負担を強いるのではなく，企業からも障害のある人を理解してもらう努力を続けなければなりません。

第3節　青年期に達した障害児者の就労に関係する機関

1　福祉事務所・更生相談所・公共職業安定所

障害者対策に関する新長期計画によると，図 12-2 に示すように国の省庁や都道府県などが推進体制をとって，さまざまな分野からのアプローチを図ろうとしています。そのうちの一部に雇用・就業対策があり，重度障害者対策等の推進，職業能力の開発等などが盛り込まれています。しかし，職業的な自立は福祉や医療，生活環境の改善などと密接なつながりがあり，雇用対策だけです

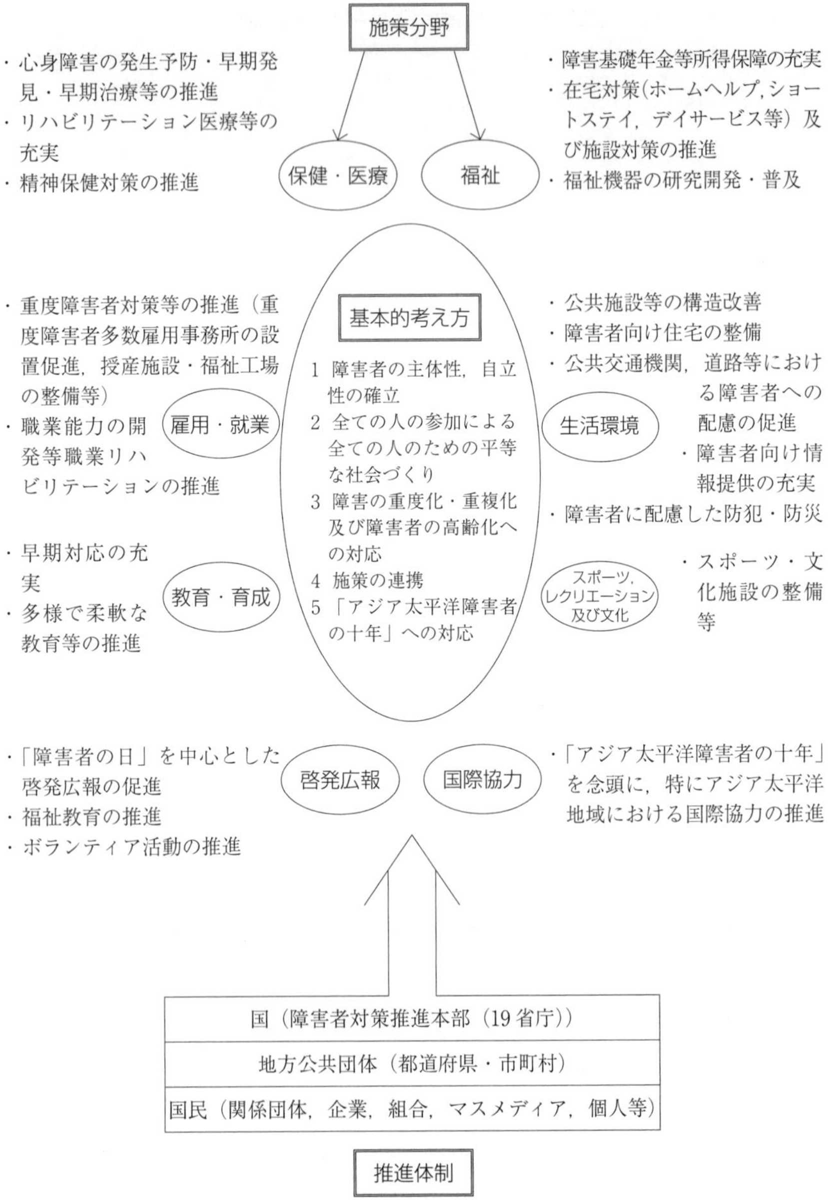

```
                        ┌──────────┐
                        │ 施策分野 │
                        └──────────┘
                         ↙        ↘
```

・心身障害の発生予防・早期発見・早期治療等の推進
・リハビリテーション医療等の充実
・精神保健対策の推進

（保健・医療）　（福祉）

・障害基礎年金等所得保障の充実
・在宅対策（ホームヘルプ，ショートステイ，デイサービス等）及び施設対策の推進
・福祉機器の研究開発・普及

・重度障害者対策等の推進（重度障害者多数雇用事務所の設置促進，授産施設・福祉工場の整備等）
・職業能力の開発等職業リハビリテーションの推進

（雇用・就業）

基本的考え方

1 障害者の主体性，自立性の確立
2 全ての人の参加による全ての人のための平等な社会づくり
3 障害の重度化・重複化及び障害者の高齢化への対応
4 施策の連携
5 「アジア太平洋障害者の十年」への対応

（生活環境）

・公共施設等の構造改善
・障害者向け住宅の整備
・公共交通機関，道路等における障害者への配慮の促進
・障害者向け情報提供の充実
・障害者に配慮した防犯・防災

・早期対応の充実
・多様で柔軟な教育等の推進

（教育・育成）　（スポーツ，レクリエーション及び文化）

・スポーツ・文化施設の整備等

・「障害者の日」を中心とした啓発広報の促進
・福祉教育の推進
・ボランティア活動の推進

（啓発広報）　（国際協力）

・「アジア太平洋障害者の十年」を念頭に，特にアジア太平洋地域における国際協力の推進

| 国（障害者対策推進本部（19省庁）） |
| 地方公共団体（都道府県・市町村） |
| 国民（関係団体，企業，組合，マスメディア，個人等） |

推進体制

図12-2 障害者対策に関する新長期計画（骨格図）（『平成7年度　障害者白書』）

第 12 章　青年期以降の障害児者へのアプローチ

べてが改善されるわけではありません。

　よって，障害のある人にかかわるさまざまな機関を利用することが必要となります。

　まず，障害のある人の相談窓口では福祉事務所がその中心となります。福祉事務所は，援護，育成または更生の措置に関する業務を行う総合的な福祉行政機関で，都道府県，市町村によって設置されています。職員構成は，福祉事務所長以下査察指導員，現業員および事務職員となっています。対人業務を行う人は，社会福祉主事資格を有していなければなりません。この福祉事務所を通して，知的障害者であれば知的障害者更生相談所，身体障害者であれば身体障害者更生相談所でさまざまな相談や検査，級数の判定，そして障害者手帳の発行などが行われています。また，ここでは職能判定といって職業能力についての検査も行われています。

　公共職業安定所（ハローワーク）でも，障害者専用のコーナーがあり，ここでは職員のほかに知的障害者相談員，精神障害者相談員など障害別に相談にのってくれる専門の人たちもいます。

2　地域障害者職業センター

　障害のある人たちに対する職業リハビリテーション，いわゆる就労支援サービスを行っている機関に地域障害者職業センターがあります。障害者の就労関係機関にはこの他に障害者職業能力開発校，障害者就業・生活支援センター（序章参照）などがありますが，ここでは学校在学中から接触のある地域障害者職業センター（以下「職業センター」という）について説明したいと思います。

　職業センターは，独立行政法人である高齢・障害者・求職者雇用支援機構が統括しています。

　高齢・障害者・求職者雇用支援機構では，「障害者の雇用の促進等に関する法律」にのっとり，障害のある人たちの雇用の促進と職業の安定に貢献するため，事業主一般，障害者，関係者等を対象として，以下のような業務を行っています。

(1) 障害者雇用納付金制度にもとづく雇用促進業務
　①障害者雇用納付金の徴収
　②障害者雇用調整金・報奨金の支給
　③助成金の支給
(2) 職業リハビリテーションサービスに関する業務
(3) 研究調査業務
(4) 障害者雇用相談，講習等による援助業務
(5) 雇用啓発業務
(6) 国際協力・交流業務

　職業センターでは，上記(2)にあたる障害のある人たちに対する職業リハビリテーションサービスを行っています。中核的な施設として障害者職業総合センターが千葉の幕張にあり，また広域センターとして，埼玉県の所沢市と岡山県の吉備の職業リハビリテーションセンターがあります。さらに，地域障害者職業センターが各都道府県に1カ所ないしは2カ所ずつ設置されています。

1) 広域センター

　広域センターは，障害者職業センターとしての機能と障害者職業能力開発校をあわせもち，医療との連携により一貫した職業リハビリテーションサービスを提供する施設です。以下に示す2カ所に設置されています。

(1) 国立職業リハビリテーションセンター（埼玉県所沢市）

　ここでは，隣接する国立身体障害者リハビリテーションセンターが行う医療リハビリテーションと連携のもと，職業評価，職業指導，職業訓練，職業適応および研究などを一貫した体系の中で実施しています。

　職業訓練科目は，機械系，工芸系，デザイン系，塗装系，アパレル系，第一種情報処理系，電機・電子系，オフィスビジネス系，印刷・製本系など9系で，定員は200名となっています。

(2) 国立吉備高原職業リハビリテーションセンター（岡山県加賀郡）

　吉備高原職業リハビリテーションセンターも職業センター部門と職業能力開発校から構成されており，所沢のセンターが主として東日本を対象としている

のに対し，吉備センターでは西日本の障害者が対象とされています。また，吉備高原医療リハビリテーションセンターとの連携のもと，身体障害のある人たちに対し，医療リハビリテーションから職業リハビリテーションまでの総合的なリハビリテーションを提供しています。

業務内容は職業評価，職業指導，職業訓練，職業適応および生活指導であり，職業訓練の科目は，機械系，電気・電子系，オフィスビジネス系，第一種情報処理系，印刷・製本系の5系で，定員は80名となっています。

2) 地域障害者職業センター

一般に職業カウンセリングを行っている代表的な機関として存在するのが，地域障害者職業センターです。

職業リハビリテーションカウンセリングは，面接・相談や各種適性検査ならびに関係機関や保護者からの情報をもとに，障害のある利用者（以下，利用者という）のかかえる諸問題と職業的自立の可能性を明確にしたうえで，利用者本人に職業との関連において自己理解を深めさせ，職業リハビリテーション計画の実現のための援助を行うことが目的とされています。

職業センターは地域に密着した職業リハビリテーションサービスを実施する施設として，全国47都道府県に設置され，北海道・東京・愛知・大阪・福岡には本所のほかに支所も設置されています。

職業センターでは，先の「障害者の雇用の促進等に関する法律」にもとづき，障害者職業カウンセラーが配置されており，障害のある人たちに対して，職業評価，職業指導，職業準備支援，ジョブコーチによる支援，職業講習，職場適応指導等の業務を行うとともに，雇用にかかわる援護制度上の「知的障害者」および「重度知的障害者」の判定を行っています。

以下に具体的な業務内容を示します。

a 障害のある人に対する業務

(1) 職業評価

職業センターにおける職業評価は，利用者が職業生活における自立を最も効果的に果たすことができるよう，各種の方法を通じて職業能力・適性に関する

現状と将来性についての知見と見通しを得て，適切な職業リハビリテーション計画の策定を行うために実施されます。

職業評価では，面接・調査，心理的・生理的検査，ワークサンプル法，職務施行法などを用いて行われます。その際，個人側の諸特性（精神的，身体的，社会的および職業的特性）だけを評価の対象とするのではなく，業務の諸条件についても把握・分析が必要となります。

面接・調査では，利用者と関係する諸機関からの情報を収集し，日常生活動作，身辺処理能力，学力，性格，行動特徴，進路の希望などについて調査します。心理・生理的検査では，利用者の身体的，精神的，社会的および職業的特性について，心理学的検査および身体機能検査等の各種検査が用いられ，利用者が職業的自立を図るうえで活用できる諸特性および支障となる諸問題等を明らかにするために行われます。身体的側面は，身長，体重，座高，筋力，関節可動域，視覚および聴覚等の計器によって測定されます。精神的側面の検査では，知能検査や性格検査などが使用されます。社会的側面は，社会生活能力調査票などによって把握されます。職業的側面は，職業適性検査，各種器具検査，職業興味検査，および各種ワークサンプル等によって把握されます。また，実際の職場を利用した職務施行法といった職業評価法によっても把握されます。

以上の職業評価は，運動障害者であれば身体の動きを中心とした検査であったり，知的障害者であれば指示や作業の理解力を中心にした検査のように，障害の種類や能力レベルによってその検査バッテリーは異なります。

(2) 職業準備支援

職業準備支援は，実際の作業場面をできるだけ忠実に再現した「職業準備支援室」を設置し，そこに利用者を通所させ，作業を通じ，利用者の職業生活を可能としていくための働く意欲，体力，耐性，危険への対応等の基本的労働習慣を体得させるために行われる職業前の訓練です。

(3) 職場適応援助者（ジョブコーチ）による支援

この支援は，アメリカの援助付き就労（Supported Employment）をモデルとして始められた事業で，従来の訓練室内での作業だけでは般化困難であった利

用者に，職場適応援助者というジョブコーチの支援がついた就労です。期間は7カ月以内の範囲ですが，2～3カ月が多いようです。

この事業では，事業が始まる前に利用者の働く意欲，関心を高めるとともに，職業に関する必要な基礎的知識を付与するために事前支援というのが行われます。援助事業では生活支援，技術支援とも導入期，適応期，実践期の3段階に分けた支援が行われます。

この援助事業では，小規模作業所や法人化された施設の職員をジョブコーチとして依頼して実施するものもあります。

(4) 職業講習

職業講習は利用者に対し，OA機器の操作技能等職業に就くために必要な知識および技能を付与することにより，職業上の障害を軽減するとともに，職業的自立に対する意欲の喚起を図ることが目的とされています。

職業講習では，OA講習と職業準備講習があり，以下にその内容を示します。

① OA講習　パソコンなどのOA機器の操作技能を付与し，あわせて通勤に関する知識・技能を体得させます。

② 職業準備講習　利用者に対し，職業に関する知識，経験の程度，障害の程度を勘案し，職業講話（職業人としての心構え等），事業所見学，事業主等との懇談会などにより職業に関する知識を付与します。

(5) 職場適応指導

今までの事業が就職前の支援であったのに対し，就職後の支援に職場適応指導というものがあります。職場適応指導では，在職中の利用者に対し，その職場適応を阻害する要因を把握し，問題を解決するために助言・指導を行うことを目的としています。内容は配置に当たっての配慮の状況，教育訓練の状況，福利厚生施設の状況，通勤上の配慮の状況，就職全般の状況（作業，労働習慣，社会性，理解），職場適応上の問題点，職場適応の促進を図るうえでの課題などについて指導を行います。

　b　事業主に対する業務

(1) 相談，援助　障害のある人を雇用したい，あるいは現在障害のある人

を雇用しているが，その雇用管理で困っていることがある事業主に対し，相談を行っています。

(2) 雇用管理サポート　具体的な課題に対し，さまざまな専門家と協力しながら解決を図るための支援を行っています。

このように，職業センターはわが国の障害児者の就労支援に関する基本的なサービスを行う代表的な機関となっています。

Column 11　アメリカにおける障害のある人の雇用
――ADA から

アメリカでは，就職を希望する人が書く履歴書に写真を貼ることは必ずしも必要ではありません。なぜなら，写真を見ればその人の人種や性別がわかってしまい，面接機会も与えないというような差別を生み出しかねないからだそうです。写真だけではなく，生年月日，性別，出身地，家族構成，既婚・未婚の別，身長・体重，そして障害の有無なども履歴書に書くよう求めてはいけないことになっています。つまり，仕事と関係ないことで差別がされないようになっているのです。このことを決めているのが「障害のあるアメリカ人に関する法律」（ADA）です。

ある交響楽団に入団希望する人たちのテストでは，オーディションのときに審査員と応募者のあいだにカーテンをひき，演奏された曲の善し悪しだけで審査が行われるようになったそうです。このような方法をとると，入団希望者の年齢や性別や人種，障害の有無などに関係なく，楽器の演奏する力だけで審査されるからです。

つまりその人がもし脊髄損傷のため車椅子を使用したとしても，それが理由で雇用されないといったことはなく，移動や楽器の持ち運び等の援助をしてあげれば仕事ができるという発想で対応しているわけです。

◆ おわりに ◆

　もう10年以上も前のことになりますが，アメリカのニューオリンズで開かれた重度障害者協会TASH（The Association for persons with Severe Handicapped）会議に参加しました。この会議では，日本の学会と異なり，学者や医者などが発表しているだけではなく，現場の教師や施設の職員，障害児をもつ親御さんなどが発表していました。その会議には，当時のクリントン大統領夫人のヒラリーさんが開会の挨拶に来られることになっていました。しかしながら，諸事情により出席できず，地元の市長さんが挨拶されました。型どおりの挨拶とそれにともなう参加者の拍手があったすぐその後に，ひとりの脳性麻痺の青年が壇上にあがったのでした。彼は脳性麻痺の中でも言語に障害のあるアテトーゼ型であり，最初どうなることかと心配しました。しかし，その心配も彼の発表を見て，ふっとんでしまいました。彼は，ゆっくりと3枚のスライドを取り出し，そしてそれをスクリーンに映したとき次のような文字が書かれていました。

　1枚目には，"Do not teach me！"（僕を教育しようとしないで！）
　2枚目には，"Do not train me！"（僕を訓練しようとしないで！）
　そして3枚目には，"Do not change me！"（どうして僕を変えようとするの！）

と書かれていました。

　わずか，この3枚のスライドによるプレゼンテーションだったのですが，彼の発表が終わると会場の参加者は感動し，座っていた人たちがみんな立ち上がって拍手をし，その拍手はしばらく鳴りやまないほどでした。私もなぜか興奮し，立ち上がって拍手をしたのを覚えています。

　また，この会議で私が驚いたことのもうひとつは，発表者にダウン症の女性がいたことでした。しかも彼女は大学に在学していたのです。第5章で述べたように，ダウン症は知的障害を重複しています。知的障害者が大学生であり，

そして学会で発表?

　発表はポスター発表で母親との連名でした。私は大声でしゃべっている母親のそばでダウン症の彼女に直接聞いてみました。「あなたは大学生なんですよね」。そう言うと、彼女は私の意を察したのか「アメリカには私のような者でも入れてくれる大学があるのよ」とウインクをしながら答えてくれました。私は自分の質問に恥じ、彼女の写真だらけの発表をゆっくりと見させていただきました。その写真は小さい子どもと遊んでいるものが中心で、彼女は大学で保育関係の勉強をしているそうでした。保母の資格を取ることは難しいけれど、幼稚園や保育園で幼児たちの簡単な面倒をみたり、いっしょに遊ぶことくらいはできるので、それで就職を希望しているとのことでした。

　話は変わって、三重苦といった重複障害のあるヘレン・ケラーをモデルとした『奇跡の人』という映画があります。この中で手のつけられないほどわがままだったヘレンがサリバン先生の指導により、徐々に人間性を回復し、はじめて水にさわったときに"WATER！　WATER！"といって叫び声をあげたシーンがあり、とても感動ものでした。

　ダウン症の少女にしろ、ヘレン・ケラーにしろ実践の場における経験というのは障害のある人たちにとってとてもわかりやすいものになるのでしょう。

　この本は、特別支援学校の先生方だけではなく、施設職員や保護者、障害児教育や障害者福祉、そして障害者心理を勉強している大学生や専門学校生などを対象として執筆しました。よって、狭い意味での障害児教育といった発想ではなく、障害児および障害者が社会で自立していくために役立ついくつかの提案をすることを目的としています。

　ひとつは、障害児者教育には先に決まった形があるわけではなく、その人その人の能力やニーズや生活環境を考慮して対処しなければならないということ。すなわち個別の（教育、移行、就労）計画がなされるべきだということです。もちろん、この教育や移行、就労だけではなく、ISPと呼ばれる個別のサポートプランやIHPと呼ばれる個別のリハビリテーションプランであっても同様です。要は教育や就労支援のサービスを受ける利用者を中心に考えるというこ

おわりに

とです。

　2つめは，障害のある人たちに適切な教育を施し，社会適応を促進することは当然のごとく必要なことですが，それには限度があり，完璧に健常者と同じようになることは困難です。そのような場合，がんばれとか，努力しろとかいった発想による指導ではなく，まわりを変えていくという発想をもってほしいということです。車椅子の人に対するスロープ，視覚障害者に対する点字ブロックなどのように知的障害者や自閉症者，学習障害者に対しても環境の方を改善することによって，自立を促すことができるはずです。その環境も，ハード面だけではなく，ソフト面，すなわちまわりの人たちの障害者に対する理解を求めることも大切なのです。

　最後に，障害のある人たちの自立は職業的自立だけではありません。進行性筋ジストロフィー症の人のように，成人期まで生きられるかどうかわからない障害者もいます。また，ずっと寝たきり状態といった重度の人もいます。その人たちの自立は職業的なアプローチからだけではなく，福祉・医療・教育などさまざまなアプローチによって少しでも豊かな人生を送ることが目的となります。

　障害があるなしにかかわらず，人が生きていくということはいろいろな角度からさまざまな援助を必要とします。そのような視点に立って，柔軟な発想でとりくむという姿勢がなされれば，この本を書いた意味があるものと考えます。

　残念ながら，ひとりで障害児者の特徴や支援全般を執筆したため，各障害の内容や法制度などに十分な考察が行きわたらなかった部分もあります。そのような点はどうぞ厳しくご批判，ご指摘ください。今後研究を積み重ねていければと思っております。

　最後になりましたが，この本をまとめるにあたり，貴重なご意見をいただき，ご指導いただいた福村出版編集部の西野様に厚くお礼を申し上げます。

◆ わかりやすい障害児者関係の情報 ◆
―― 映画・ドラマ・漫画・読み物

　障害児や障害者をテーマとして作られた小説や映画，テレビドラマは数多くあります。ここでは，難しい専門書ではわからないけれど，漫画やテレビ・映画・読み物など主に視覚的にわかりやすいメディアで取り扱われている障害児者の姿を紹介したいと思います。

【視覚障害】
1) 竹山一人旅（邦画）
　　津軽三味線の第一人者である高橋竹山（ちくざん）の物語。目が見えないことにより小さい頃よりひどいしうちを受けますが，食べていくためには三味線によってお金をもらうしかないといった厳しい現状などが心を打ちます。
　　最近では，高橋竹山と同じように盲目で津軽三味線を弾く進藤正太郎さんも話題になっています。
2) 座頭市（邦画）
　　盲目の按摩師である市が宿場宿場でいろいろな人とかかわりをもち，土地のやくざや浪人を持ち前の居合い抜きでバッタバッタと倒していく物語。
3) こんにちはハーネス（邦画）
　　盲導犬をテーマに作られた映画で，交通事故で失明したピアニストが少年と少年に育てられた盲導犬に励まされながら再起を果たすというドラマです。
4) ママの目をあげたい（ドキュメンタリー，長谷枝美子著）
　　息子真司君が網膜芽細胞腫といったガンにかかり，その葛藤を母親の目から語る感動の書。
5) 音しずく（読み物，竹下八千代著）
　　交通事故で光を失った著者がまわりの人たちに励まされ，大学に再入学し，結婚，子育てなどで頑張って生きている様子が書かれています。
　　映画や書物ではありませんが，シンガーソングライターにはスティービー・ワ

ンダー，ギタリストのホセ・フェリシアーノ，日本では歌手の長谷川きよしさん，ピアニストの梯剛之さん，辻井伸行さんなども視覚に障害があっても，それに負けずに頑張っています（コラム1参照）。

【聴覚障害】
1）愛は沈黙をこえて（洋画）
　　両親が聴覚障害である少女が主人公のヒューマンドラマ。弟が窓から落ちて死に，その葬式でさえ満足にあげられない当時の聴覚障害者の現状，そして主人公の結婚など，娘の成長と共に生じるさまざまな出来事が描かれています。
2）ビヨンドサイレンス（洋画）
　　この映画も両親が聴覚障害者である娘が主人公。母に自転車に乗ることを教えた娘が，後ろから来るトラックのクラクションが聞こえず事故で母をなくしてしまい，自分が自転車を教えたことを後悔する。楽器の嫌いな父に反発しながらもクラリネット奏者として成長していく娘。
3）愛は静けさの中に（洋画）
　　聴覚特別支援学校に通う少女（実際に聴覚障害者が演じています）とその学校へ赴任してきた若い男性教師との恋愛物語。
4）音のない世界で（洋画）
　　聴覚障害児に音の世界を押しつけて指導する大人。しかし，結局は手話によってコミュニケーションを図ることを繰り返すようになる少年。
5）風の歌が聴きたい（邦画）
　　聴覚特別支援学校時代に文通によって知り合った聴覚障害の2人が結婚し，トライアスロンに挑戦するまでの感動的ドラマ。
　　これらの他にも邦画では『名もなく貧しく美しく』『あの夏いちばん静かな海』，テレビドラマでは『星の金貨』『愛していると言ってくれ』『君の手がささやいている（漫画もあり）』，漫画では『どんぐりの家』，読み物として『ファイト！』『もし私の耳が聞こえたら愛する人の声が聞いてみたい』『聞こえないってどんなこと』など，数多くのドラマや本があります。
　　最近では，聴覚障害者の忍足亜希子さんが主演し話題となった『アイ・ラヴ・ユー』では監督も「NHKみんなの手話」で有名な米内山昭宏さんという聴覚障害者が参加し作られました。

【運動障害】
1）ジョニーは戦場へ行った（洋画）
　　ベトナム戦争で両手両足をなくした兵士の物語です。

2）7月4日に生まれて（洋画）
　　トム・クルーズ主演の映画で，戦争で障害を負い，車椅子の生活を余儀なくされた若者の葛藤を描いたヒューマンドラマです。
3）ケニー（洋画）
　　先天的に下肢切断状態のケニー本人が主演している映画です。犬に追われたり，マスコミに取材されたり，いろんな状況に対処していくケニーと家族の物語です。
4）典子は今（邦画）
　　サリドマイド児として生まれた辻典子さんの生涯を描いたドラマです。
5）男たちの旅路——車輪の一歩（テレビドラマ）
　　車椅子の若者とガードマンの人たちの交流を描いたドラマですが，ひとりの少女を無理やり外に出したときの失敗が他の仲間たちに大きなショックを与えます。仕事，恋愛，偏見などいろんな問題が提起されており，考えさせられるドラマです。
6）おふくろに万歳（テレビドラマ）
　　浜木綿子さん主演のドラマで，障害のある息子と母親の葛藤を浜さん独自の明るさでクリアしていくほのぼのとしたドラマです。
　　これらの他にも運動障害者をモデルとした映画は，『マイレフトフット』や『エレファント・マン』など数多くあります。
7）さっちゃんのまほうのて（絵本，たばたせいいち・先天性四肢障害児父母の会著）
　　先天的に左の指を欠損して生まれたさっちゃんが，幼稚園でいじめにあい，そのことを知った母親の苦しさなどが小さい子どもでもわかりやすいように絵本で描かれています。一番の推薦書。
　　その他に運動障害児者が登場する絵本には『私いややねん』『夢のお話きいてえな』『ぼくのおにいちゃん』などがあり，児童文学としては『新ちゃんが泣いた』『大福先生』『とべないホタル』，その他の読み物として『車椅子のヒーロー』『五体不満足』『車イスから見た街』『愛深き淵より』『障害者に迷惑な社会』などがあります。

【知的障害】

1）八日目（洋画）
　　ダウン症本人が主演しているフランス・ベルギー合作の映画です。主人公のパスカルさんの演技のうまさに驚かされます。
2）ギルバート・グレイプ（洋画）
　　タイタニックでスーパースターとなったレオナルド・ディカプリオが知的障害の少年を演じている貴重な映画です。知的障害の少年の面倒をみる兄ギルバートの心の葛藤を描いている映画です。
3）静かな生活（邦画）
　　今は亡き伊丹十三さんが甥で知的障害の大江光さんをモデルとして制作した映

画です。映画の中に光さんの作曲した音楽が流れてくるなど，タイトル通りの静かな映画です。
4) 聖者の行進（テレビドラマ）
　　知的障害者を雇用し，国からの助成金などをもらいながらも従業員である知的障害者に暴力をふるったり，賃金をかすめとったりした実在の企業をモデルとしたテレビドラマでした。
　　テレビドラマではこの他に『ピュア』『オンリーユー』，映画では『学校Ⅱ』などが放映されました。
5) 僕のお姉さん（児童文学，丘修三著）
　　ダウン症の姉をもつ弟が兄弟について出された作文をどう書こうかと悩んでいるところから始まります。作業所ではじめてもらった工賃で家族をレストランに連れていってご馳走しようと思ったダウン症の姉，支払う金額が足りないとわかった父親がそっと千円札と一万円札をすり替えるシーンなどは今読んでも涙があふれます。
　　児童文学では，このほかに『のんちゃん』『天使たちのカレンダー』等数多く出ています。

【病弱】

1) ジョーイ（洋画）
　　白血病の弟とアメリカンフットボール選手の兄との心温まる兄弟愛です。弟のために兄はアメリカンフットボールの選手として懸命にがんばり，とうとうハイズマン賞という全米ナンバー1の賞を受けます。しかし，その授賞式に自分のことではなく弟のことを泣きながら訴えるのです。
　　まずは，泣かない人はいないといった方がいいくらい泣かせる映画です。
　　この他にも『ロレンツォのオイル』などがありますが，これはコラム5を参照してください。
2) はせがわくんきらいや（絵本，長谷川修平著）
　　森永ヒ素ミルクで虚弱児となった長谷川君とその友達の物語です。子どもは小さいので，なぜ長谷川君が虚弱状態なのかわかりません。長谷川君のお母さんに頼まれたから，面倒をみてあげるけど，よくわからない友達の対応がユーモラスですばらしい作品です。

【自閉症】

1) レインマン（洋画）
　　自閉症の映画としてはあまりにも有名ですね。この映画では主人公のダスティ

ン・ホフマンさんは自閉症の施設で何カ月も一緒に寝泊まりをして演技を勉強したとのことでした。弟役のトム・クルーズさんとのやりとりは最高でした。
2) マーキュリーライジング（洋画）
　　複雑暗号を解読した自閉症のサイモンはNSAという国家機関にねらわれるようになり，それを知った警察のブルース・ウイルス，サイモンとNSAとの対決が見物のサスペンスドラマです。この映画の中でTEACCHで使われている絵カードでコミュニケーションをさせているシーンが出てきます。
3) 学校Ⅲ（邦画）
　　山田洋次監督の学校シリーズ第3弾で，大竹しのぶさん演じるリストラされた母親の子どもにトミーという愛称の自閉症少年が出てきます。彼は新聞配達をしているのですが，雨のとき自転車を転ばせて新聞をぬらしてしまいます。そこで，他の古新聞を配ってしまうのですが，ここらあたりが自閉症の行動としておもしろいところですね。
4) この星のぬくもり（漫画，曽根富美子著）
　　実在の自閉症者，森口奈緒美さんをモデルとして書かれています。自閉症独特のこだわりやパニック，刺激に対する敏感性など，とても正確に描かれています。漫画なので子どもさんにも読みやすいものと思います。
5) 天使と話す子（絵本，エスター・ワトスン著）
　　作者のワトスンが自閉症の妹クリスタについて，自分との交流の様子を書いているものです。
　　この他にも児童文学として『金色の木』『風に吹かれて』などがあり，読み物として『アメリカ新教育事情』『見えない病』『我が子よ声を聞かせて』などもおもしろいですね。

【LD, ADHD】
1) フォレスト・ガンプ（洋画）
　　IQは75とボーダーラインのフォレストが知的には遅れていながらも，特異な才能を発揮して大活躍するといった夢物語です。ただ，彼のやさしさによっていろんな人が救われていくのは見ていてとても心温まるものでした。
2) マイフレンドメモリー（洋画）
　　学校の勉強ができないマックスは隣に越してきたモルキオ病のケビンと知り合いになります。LDであるマックスは他のクラスの仲間と離れて勉強を教えてもらう通級学級の先生になんとケビンがやってきたので驚きました。それから，2人は力を合わせて大活躍していきます。
　　また，読み物として『きみといっしょに』『僕たちだって輝いて生きたい』などが入門書としては読みやすくていいでしょう。

以上，私が個人的に見たり読んだりしたものだけを紹介しましたが，その数は限られています。この他にも数多くのすばらしい書物やドラマがあるものと思います。
　今回はその一部のみを紹介いたしました。これらの他にすばらしいものがあったら，みなさんで紹介していただければ幸いです。

◆ 引用・参考文献 ◆

American Psychiatric Association（APA） 1994 *Diagnostic and Statistical of Mental Disorders*, 4th ed. 髙橋三郎・大野　裕・染谷俊幸（訳） 1995 DSM-Ⅳ精神疾患の分類と診断の手引　医学書院より引用

青木成美・中野泰志　1999　その他の視覚補助具の活用　大川原潔・香川邦生ほか（編）　視力の弱い子どもの理解と支援　教育出版

Clements, S. D. 1966 *Minimal Brain Dysfunction in children : Terminology and Identification*（Public Health Service Publ. No. 1415）.U. S. Dept. of Health, Education and Welfare.

Greenhill, J. P. & Friedman, E. A. 1974 *Obstetrics*. Sunders.

波利井清紀　1999　口唇裂・口蓋裂　NHKきょうの健康, 7, 92-95.

平井　公　1999　100人の20世紀——ヘレン・ケラー　朝日新聞　1999年10月31日（日曜版）

星野富弘　1999　愛, 深き淵より　立風書房

石部元雄・柳本雄次（編著）　1999　障害学入門　福村出版

石渡和実　1997　障害者問題の基礎知識　明石書店

Johnson, D. J. & Myklebust, H. R. 1967 *Learning Disabilities : Educational Principles and Practices*. Grune & Stratton.

カニングハム久子　1995　ニューヨーク障害児教育事情　学習研究社

Kirk, S. A. 1963 *Educating Exceptional Children*. Houghton Mifflin. pp. 242-275.

小林重雄　1997　情緒障害教育　佐藤泰正（編）　障害児教育概説（三訂版）　学芸図書　pp. 189-204.

厚生労働省　1999　厚生白書（平成11年版）　ぎょうせい

丸尾敏夫　1996　エッセンシャル眼科学　医歯薬出版

丸山欣哉（編）　1996　基礎心理学通論　福村出版

増井彰子　1998　もし, この耳が聞こえたら愛する人の声が聞いてみたい　二見書房

宮本信也　1992　学習能力障害の診断と治療　発達障害医学の進歩　No. 4.

水谷由美　1998　LDを持つ生徒のITP（個別移行計画）事例　第6回LD教育研修会資料集　pp. 18-23.

文部科学省　1965　心身障害児の判別と就学指導

文部科学省　1973　言語障害教育の手引き　東山書房

文部科学省初等中等教育局特殊教育課　1995　就学指導資料

茂木俊彦（編）　1997　障害児教育大事典　旬報社

Moore, K. L. 1973 星野一正（訳） 1977 Moore人体発生学　医歯薬出版

村井憲男　1985　発生・出生　髙木俊一郎（編）　目で見る障害児医学　学苑社　pp. 26-49.

村田　稔　1994　車イスから見た街　岩波ジュニア新書

National Joint Committee for Learning Disabilities（NJCLD） 1981 Position Paper,

January 30 (*Society for Learning Disabilities and Remedial Education Newsletter*, 1 (1), 1-2).
日本障害者雇用促進協会（編）　1998　'98 障害者雇用ガイドブック　雇用問題研究会
日本障害者雇用促進協会障害者職業総合センター　1996　日本の障害者雇用の現状——平成5年度身体障害者等雇用実態調査（労働省）から
日本障害者雇用促進協会障害者職業総合センター　1997　地域障害者職業センターの業務統計上"その他"に分類されている障害者の就業上の課題
日本知的障害福祉連盟（編）　1999　発達障害白書　日本文化科学社
小川　浩　1993　ジョブコーチの援助技術——システマティック・インストラクション　職業リハビリテーション，6，74-77.
大倉滋之　1999　弱視レンズの処方と活用　大川原潔・香川邦生ほか（編）　視力の弱い子どもの理解と支援　教育出版
大山信郎　1993　視力の違いによる物の見え方　眼屈折調節研究会
乙武洋匡　1998　五体不満足　講談社
Rosenbek, J., Wertz, R. & Darley, F.　1973　Oral sensation and perception in apraxia of speech and aphasia. *Journal of Speech Hear. Res*., 16, 22-36
相良多恵子　1999　聴覚障害とは何か　日本放送協会（編）　NHK みんなの手話（上）　NHK 出版　p. 63.
坂井　聡　1998　養護学校高等部における自閉症生徒への就労指導の実際　日本障害者雇用促進協会障害者職業総合センター　自閉症者の職業上の諸問題に関する研究　pp. 15-30.
千田耕基　1999　視覚と視機能／主な眼疾患とその特性　大川原潔・香川邦生ほか（編）視力の弱い子どもの理解と支援　教育出版
柴田珠里　1999　職業リハビリテーション学会発表資料
鵤田征子　1978　内山喜久雄（監修）斉藤義夫・小林重雄（編）　知能障害事典　岩崎学術出版社
清水貞夫　1996　通常学級での障害児教育　藤本文朗・小川克正（共編）　障害児教育学の現状・課題・将来　培風館
調　一興　1991　雇用の問題と職業リハビリテーション　八代英太・冨安芳和（編）　ADA の衝撃　学苑社
Skarnulis, E., Kregel, J., Fichten, C. & Dolan, T.（著）小谷津孝明・小松隆二・冨安芳和（共編）　1998　教育・就労・医療の最前線　慶應義塾大学出版会
総理府（編）　1995　平成7年度版障害者白書　大蔵省印刷局
総理府（編）　1998　平成10年度版障害者白書——「情報バリアフリー」社会の構築に向けて　大蔵省印刷局
鈴木雅洲　1978　産科学入門　南山堂
たばたせいいち・先天性四肢障害児父母の会ほか　1985　さっちゃんのまほうのて　偕成社
高橋　純　1985　運動機能とその障害　高木俊一郎（編）　目で見る障害児医学　学苑社
高柳泰世ほか（編）　1996　見えない人見えにくい人のリハビリテーション　名古屋大学出版会
武田麻弓　1999　ファイト！　幻冬舎
塚原　勇・坂上　英　1968　眼科学提要　金原出版
柘植雅義　2002　ICF——WHO 国際障害分類 ICIDH の改訂　LD 研究，10(2), pp.126-127.
内山喜久雄（監修）　1978　視覚聴覚障害事典　岩崎学術出版社

梅永雄二　1999a　自閉症者の就労支援　筒井書房
梅永雄二　1999b　自閉症者の職業リハビリテーションに関する研究——職業アセスメントと職業指導の視点から　風間書房
Wehman, P.　1995　Individual Transition Plans : *The Teacher's Curriculum Guide for Helping Youth with Special Needs*. Pro-ed.
World Health Organization（WHO）　1989　I. C. D.-10 Draft of Chapter VF : Mental and Behavioral Disorders（Including Disorders of Psychological Development）．WHO．
八重田淳　1999　職業リハビリテーション学会発表資料
山口　薫　1998　LD児とその周辺の子どもたちの教育について　日本LD学会公開シンポジウム資料集　pp. 8-16.
山下栄三　1985　視覚とその障害　高木俊一郎（編）　目で見る障害児医学　学苑社
吉野公喜　1980　聴覚障害　佐藤泰正（編）　心身障害学　岩崎学術出版社
全国特別支援学校長会　1999　障害者の新たな職域開拓に向けた職業教育等の調査研究（第一年次報告）
全日本ろうあ連盟（監修）　1998　聞こえないってどんなこと　一橋出版

◆ 索引 ◆

ア 行

IEP（個別教育計画）　123，124
IWRP（個別リハビリテーション計画）
　124
ITP（個別移行計画）　123，124
IPE（個別就労計画）　123，125
アテトーゼ型　61，66
アメリア　68
按摩　38
一次的障害　14
impairment　15
運動障害　64
エコラリア　90
ST（言語聴覚士）　62
ADA　150
鉛管現象　66
援助付き就労（Supported Employment）
　140
太田ステージ　93
置き換え　56
オーディオグラム　43
オーディオメータ　42
オプタコン　35

カ 行

外耳　43
学業不振児　100
学習障害　98
学習遅滞児　100
拡大読書器　34
家族性知的障害　77
課題分析　95，141
片麻痺　65
感音性難聴　43

感覚統合訓練　93
眼球　26
眼球振盪　67
鉗子分娩　16
かんしゃく　90
眼前指数盲　29
眼前手動盲　29
顔面肩甲上腕型　83
緘黙　58
吃音　56
機能訓練　70
機能障害　14
ギャロデッド・カレッジ　53
吸引分娩　17
嗅覚障害　109
キュードスピーチ法　51
強剛型　66
胸椎損傷　69
共同治療者　94
虚弱　81
クレチン病　76
痙直型　65
頸椎損傷　69
軽度知的障害　75
軽度難聴　43
言語障害　54
言語聴覚士（ST）　61
健常児者に対する障害児教育　136
健聴者　46
構音障害　55
口蓋裂　57
光覚盲　29
公共職業安定所（ハローワーク）　145
口唇口蓋裂　57
口唇裂　57
更生施設　20
構造化　94

後天聾　42
行動分析　95
行動療法　93
高度難聴　43
交流教育　137
口話教育　46
国立吉備高原職業リハビリテーションセンター　146
国立職業リハビリテーションセンター　146
心のバリアフリー　135
『五体不満足』　70
固定学級　19
個別移行計画（ITP）　123，124
個別教育計画（IEP）　123，124
個別指導　131
個別就労計画（IPE）　124，125
個別リハビリテーション計画（IWRP）　124
雇用率　21

　　サ　行

作業所　20
Sucking　59
『座頭市』　26
Supported Employment（援助付き就労）　140
サリドマイド児（フォコメリア）　68
三次的障害　15
三肢麻痺　65
残障者　11
CSS訓練　59
視覚障害　26
視覚特別支援学校（盲学校）　18
色覚盲　29
四肢　64
四肢麻痺　65
肢帯型　83
肢体不自由児者　64
失語症　58
失声症　59

失調型　66
視野　27
社会的スキル　104
社会的不利　15
弱視　31
弱視学級　33
弱視レンズ　34
視野計　28
周産期　17
重度知的障害　75
授産施設　20
受容交流療法　93
障害　11
障害児　13
障害者　13
障害者就業・生活支援センター　22
障害者職業センター　145
障害者職業能力開発校　22
情緒障害　108
常同行動　92
小頭症　69
衝動性　101
小児気管支喘息　82
省略　56
職業教育　85，121
職業講習　149
職業準備支援　148
職業評価　147
食事療法　93
職場開拓　116
職場適応援助者（ジョブコーチ）　148
職場適応訓練制度　22
職場適応指導　149
助成金制度　21
触覚障害　109
ジョブコーチ　141
自立活動　84
視力　27
針灸　38
人工血液透析　83
進行性筋ジストロフィー症　83

新生児期　15
心臓疾患　82
腎臓病　82
進路指導教師　115
水頭症　69，77
Speech Therapist（ST，言語聴覚士）　61
墨字　27
Swallowing　59
生活規制　83
晴眼（正眼）児者　33
精神薄弱　73
精神（発達）遅滞　73
精神分析　93
斉読効果　57
脊髄損傷　68
絶対盲　29
尖足　66
先天性股関節脱臼　67
先天性内反足　68
先天聾　42
早期失聴　42
即時性エコラリア　90

夕　行

体幹　64
ダウン症　76
抱っこ法　93
多動性　101
短期職場適応訓練制度　22
タントラム　90
地域障害者職業センター　144
知恵遅れ　73
遅延性エコラリア　90
知能障害　73
Chewing　59
注意欠陥多動性障害　100
中耳　43
中途失聴　42
中度知的障害　75
中度難聴　43

聴覚障害　43
聴覚特別支援学校（聾学校）　18
聴能訓練　46
対麻痺　65
通級学級　19
つけ加え　56
TEACCHプログラム　94
DSM-Ⅳ　73
disability　14
デシベル（dB）　42
デュシャンヌ型　83
伝音性難聴　43
てんかん　106
点字　31
点字ブロック　39
同時法　51
特定求職者雇用開発助成金　21
特別支援教育　17
特別支援学級　19
特別支援学校　18
読話　46

ナ　行

内反　65
難聴　42，43
難発性吃音　56
二次的障害　14
二分脊椎　68
脳血管障害後遺症　69
脳性麻痺　58，64
能力障害　14

八　行

白杖　35
白内障　27
パニック　90
場面緘黙　60
バリアフリー　72，135
ハローワーク（公共職業安定所）　144

handicap　14
微細脳機能障害　100
病弱　81
表出言語　55
VOCA（Voice Output Communication Aids）　61
フェニールケトン尿症　76
フォコメリア（サリドマイド児）　68
福祉事務所　143
不注意　101
Blowing　59
ボイタ法　70
訪問教育　19
ボバーズ法　70

マ 行

マッサージ　38
味覚障害　109
右側同名半盲　28
未熟児網膜症　27
盲　28
盲導犬　36
網膜剥離　27

ヤ 行

薬物療法　93
遊戯療法　93
誘導　35
歪み　56
腰椎損傷　69

ラ 行

ランドルト環　27
理解言語　55
両麻痺　65
『レインマン』　91
レーズライター　35
連発性吃音　56
聾　42
ローチェスター法　51

著者紹介

梅永雄二（うめなが・ゆうじ）

慶應義塾大学文学部社会・心理・教育学科卒業。
教育学博士（筑波大学）。
各地の地域障害者職業センター（高齢・障害・求職者雇用支援機構），明星大学，宇都宮大学を経て，現在，早稲田大学教育・総合科学学術院教授。

障害者心理学―障害児者の特性理解と具体的支援方法―
2012年4月15日　初版第1刷発行
2018年3月25日　　　第3刷発行

著　者　　梅永　雄二
発行者　　宮下　基幸
発行所　　福村出版株式会社
〒113-0034　東京都文京区湯島2-14-11
電話　03-5812-9702　FAX　03-5812-9705
https://www.fukumura.co.jp

印刷　モリモト印刷株式会社
製本　協栄製本株式会社

© Yuji Umenaga 2012
Printed in Japan
ISBN978-4-571-12118-0　C3037
乱丁本・落丁本はお取替え致します。
定価はカバーに表示してあります。

福村出版◆好評図書

梅永雄二 著
発達障害者の理解と支援
●豊かな社会生活をめざす青年期・成人期の包括的ケア
◎1,500円　ISBN978-4-571-42027-6　C3036

発達障害の特性を正しく理解し，青年期・成人期発達障害者の教育と就労支援について，そのあり方を考える。

田中農夫男・木村 進 編著
ライフサイクルからよむ障害者の心理と支援
◎2,800円　ISBN978-4-571-12103-6　C3037

障害者のライフステージに即した心理を解説。生活者である障害者への支援とは何かを理解するための入門書。

冨永光昭 編著
小学校・中学校・高等学校における新しい障がい理解教育の創造
●交流及び共同学習・福祉教育との関連と5原則による授業づくり
◎2,200円　ISBN978-4-571-12114-2　C3037

交流及び共同学習・福祉教育における「新たな障がい理解教育の5原則」を提起，諸実践や指導計画を提案する。

石部元雄・柳本雄次 編著
特別支援教育〔改訂版〕
●理解と推進のために
◎2,500円　ISBN978-4-571-12115-9　C3037

増加傾向にある発達障害も含めた特別な支援を必要とする幼児児童生徒への，適切な指導方法と課題への考察。

池田由紀江・菅野 敦・橋本創一 編著
新 ダウン症児のことばを育てる
●生活と遊びのなかで
◎1,900円　ISBN978-4-571-12107-4　C1037

ダウン症児が持つことばの問題の基本的理解と，早期からのことばの指導法を発達段階の生活と遊びから解説。

橋本創一・横田圭司・小島道生・田口禎子 編著
人間関係でちょっと困った人＆発達障害のある人のためのサポートレシピ53
●本人と周囲がおこなうソーシャルスキルトレーニング
◎1,900円　ISBN978-4-571-42042-9　C0036

タイプ別に分け，豊富な事例から本人と周囲ができる解決策を提示。人間関係でお困りの方におすすめの1冊。

藤川洋子・井出 浩 編著
触法発達障害者への複合的支援
●司法・福祉・心理・医学による連携
◎2,300円　ISBN978-4-571-42040-5　C3036

触法発達障害者が社会に戻るときの受け皿は非常に乏しい。各専門分野の支援と連携の必要性を訴える1冊。

◎価格は本体価格です。